MW01171918

AUNQUE LA HIGUERA NO FLOREZCA

CUANDO DIOS QUIERE LLAMAR TU ATENCIÓN

RONNY PEÑA

Aunque la higuera no florezca -
Cuando Dios quiere llamar tu atención

Copyright © 2024 por Ronny Peña

Todos los derechos reservados.

Derechos internacionales registrados.

Clasificación Decimal Dewey: 248

Clasifíquese: EXPERIENCIA, VIDA CRISTIANAS / CRISTIANA

Edición y diagramación: Creative JBZ
Portada: Creative JBZ
Foto de portada: Pixabay
ISBN: 9798320802459

Ninguna parte de esta publicación puede ser reproducida ni
distribuida de manera alguna ni por ningún medio electrónico o
mecánico, incluidos el fotocopiado, la grabación y cualquier otro
sistema de archivo y recuperación de datos, sin el consentimiento
escrito del autor.

El texto bíblico sin otra indicación ha sido tomado de la Santa Biblia,
Nueva Traducción Viviente, © Tyndale House Foundation, 2010.
Usado con permiso de Tyndale House Publishers, Inc., Carol Stream,
IL 60188, Estados Unidos de América. Todos los derechos
reservados. Las citas bíblicas identificadas (RVR 1960) han sido
tomadas de la Reina-Valera 1960™ © Sociedades Bíblicas en
América Latina, 1960. Derechos renovados 1988, Sociedades
Bíblicas Unidas. Las citas bíblicas de esta publicación han sido
tomadas de la Traducción en lenguaje actual™ © Sociedades Bíblicas
Unidas, 2002, 2004. Utilizado con permiso.

Contactos
Email: pastor.ronnypena@gmail.com
Instagram: @pastor.ronnypena
TikTok: @pastor.ronnypena
YouTube: @pastor.ronnypena

INDICE

Dedicatoria

Bendita sea la prueba que me llevó a conocer más a Dios. Bendigo al Padre, al Hijo y al Espíritu Santo, quienes permitieron que cada lágrima se convirtiera en las palabras que conforman este libro.

Dedico este libro a mi esposa, mis tres hijos y, sobre todo, a mi futura descendencia. Quiero animarles a que busquen incansablemente a Dios, ¡porque Dios sí existe!

Prólogo

Néftali Rojas

La Higuera es la primera planta que se menciona en la Biblia. Ésta simboliza, en un sentido espiritual, la presencia de tranquilidad, fortaleza, prosperidad y seguridad en un creyente. Solamente imaginar que alguna de estas plantas no florezca ni dé frutos, pudiera tener una interpretación espiritual parecida a aquella en la que un ser humano es despojado de su estado de quietud y gozo.

Con relación a esto, Habacuc 3:17 presenta una actitud de dependencia total y agradecimiento a Dios ante la tribulación o prueba: Aunque la higuera no florezca, Ni en las vides haya frutos, Aunque falte el producto del olivo, Y los labrados no den mantenimiento, Y las ovejas sean quitadas de la majada, Y no haya vacas en los corrales; con todo, yo me alegraré en Jehová y me gozaré en el Dios de mi salvación.

La diana de este libro se encuentra precisamente en esta dicotomía. Esta tensión dialéctica se encuentra presente en el hecho de comprender que, en el transcurso de nuestra vida, no todo será color de rosa. Tendremos que aceptar la llegada de espinas de dolor que se manifestarán en forma de sucesos, contratiempos, momentos oscuros y de confusión, que pretenderán desvanecer nuestra confianza y esperanza en el cumplimento del propósito de Dios. En las próximas páginas, el autor propone una explicación que intentará hacernos entender cómo detrás de los procesos más grises de la vida, Dios oculta sus más grandes bendiciones.

Aunque la higuera no florezca es un compendio de 8 capítulos que promete un discurso fresco en respuesta a cuestionamientos recurrentes de la vida cotidiana. A todos los que nos parece conocida la pregunta, ¿por qué a mí?, este libro intenta responderla a través de identificar lo que Dios puede estar haciendo en la vida de muchos de nosotros en medio del desierto.

En esta obra, la referencia escritural demuestra una notable importancia al apoyar cada argumento por medio de las experiencias de grandes hombres de fe que en sus momentos de crisis vieron la soberanía y la providencia de Dios, y cosecharon sus frutos luego de una paciente espera.

De modo que, en los relatos, pueda cada lector encontrar tal vez un reflejo que muestre claramente respuestas a sus necesidades mientras lee entre líneas.

La notoriedad expresada en el libro se afianza en una cosmovisión bíblica desde la perspectiva pastoral, haciendo un ejercicio de reflexión profunda frente al sufrimiento humano, exponiendo a su vez una narrativa exhortativa y cauta a la hora de abordar temas de fragilidad humana. Su autor, el Pastor Ronny Peña, habla desde el lugar de la prueba revelando sus vulnerabilidades como ejemplo de sumisión a Dios en medio de cualquier situación, buena o mala, afirmando que los contratiempos en nuestra vida representan una parada divina de preparación para nuestro destino.

En medio de tantas preguntas, dudas y ansiedades, hacer una parada divina diaria en este libro nos dará la oportunidad de equiparnos para la gloria venidera que Dios nos ha prometido, descubriendo un poco más cómo Dios nos acerca a su presencia en medio de las situaciones difíciles e inesperadas.

Neftali Rojas
Comunicador, productor y
locutor de radio cristiana

Néstor Vílchez

A través de la cultura se nos habla mucho acerca de buscar alternativas para no sufrir. Evitar el sufrimiento parece una meta a la que se le da un extremo valor en casi todos los círculos de nuestra sociedad. Siempre el que sufre es merecedor de lástima y parece albergar un sentimiento de impotencia al preguntarse por qué está enfrentando tal sufrimiento.

Muchos de nosotros hemos pensado que cuando las cosas van bien es porque Dios está de nuestro lado. He tenido conversaciones con muchas personas, y he podido observar que la mayoría celebra los buenos momentos o las buenas situaciones como manifestaciones de la bendición de Dios en sus vidas. Sin embargo, algo difícil de entender es cómo alguien puede contar un momento de prueba como una bendición aún mayor que precede siempre algo aún mejor. La respuesta es simple: Someterse a la voluntad de Dios.

En varias conversaciones que había tenido con Ronny en meses anteriores a la publicación de este libro, él me hablaba sobre una prueba que estaba atravesando, y que era precisamente en medio de esa situación de adversidad que Dios le había puesto en su corazón escribir esta preciosa obra, Aunque la higuera no florezca. Sin entender a profundidad ni conocer los detalles de su prueba, cada conversación se tornaba en una especie de revelación progresiva de lo que, a mi entender, Dios quiere hablarnos a través de, Aunque la higuera no florezca.

Luego, a pocos días del lanzamiento del libro, nos encontramos en Orlando, FL. Mi esposa y yo pasamos buscando a Ronny en casa de sus padres, para luego ir a un pequeño restaurante a conversar. Lo primero que hizo Ronny fue entregarme una copia del libro. Tal regalo tenía una razón. En aquellas conversaciones de meses anteriores a este encuentro, Ronny nunca me dio detalles de su prueba, al contrario, se dedicó a apacentarme en medio de la mía. Yo le contaba que había perdido a mi papá recientemente y que estaba muy afectado, que tenía problemas de salud que me atormentaban, que tenía un sentimiento de pesimismo y que me atacaban pensamientos de miedo por las noches. Quisiera que pudieran imaginar esas conversaciones en donde lo mío era pura queja y llanto, mientras del otro lado, un hombre que tal vez pasaba por una prueba igual o más profunda que la mía, solamente me decía: Mantente tranquilo y confiado que el Señor sabe a dónde te está llevando. Con toda seguridad puedo decir que solo el amor de Dios puede lograr algo como esto.

Suena muy lógico pensar que, al estar frente a una obra literaria cristiana, una de las primeras impresiones que tenemos es que vamos a encontrar a un escritor citando y comentando textos bíblicos de manera en la que se nos facilite comprender más el mensaje. He leído ya muchos libros a lo largo de los años, incluso, recientemente he estado muy inmerso en el estudio de teología sistemática, apologética, historia de la iglesia, y otros temas de carácter académico en el entorno cristiano. El pastor de mi iglesia en Miami una vez comentaba en medio de una de sus prédicas, que él no había dedicado su ministerio pastoral a escribir libros porque lo que él quería era que el mejor libro del mundo fuera conocido por encima de cualquier otro, es decir, la Biblia. Cuánta razón y valentía hay en una declaración como esta.

Ahora que conozco más a Ronny por medio de su libro, me ha impactado el hecho de reconocer que los libros y la voz de Dios son cosas diferentes. He allí la diametralmente opuesta sabiduría que poseen las Escrituras con relación a la cultura del hombre. En este sentido, me he encontrado en una encrucijada que el mismo Dios ha sabido responderme: «*Las palabras de los sabios son como aguijones; y como clavos hincados son las de los maestros de las congregaciones, dadas por un pastor. Ahora, hijo mío, a más de esto, sé amonestado. No hay fin de hacer muchos libros; y el mucho studio es fatiga de la carne*» (*Eclesiastés 12:11-12 RVR1960*).

Aunque la higuera no florezca nos brinda la oportunidad de conocer de primera mano una conversación cara a cara con Dios en pleno siglo 21. Sí, y es que como el mismo Ronny expresa en su obra, pareciera que la pérdida de la capacidad de experimentar la presencia de Dios en nuestras vidas ha sido reemplazada por el efecto, tal vez materialista, de ver a Dios como un proveedor de manifestaciones positivas para nuestro deleite humano, sin entender, que lo que Dios busca es desarrollar nuestra capacidad de conocerlo más teniendo la seguridad de que lo que ha prometido para cada uno de nosotros se cumplirá si nos sometemos a su voluntad aún en medio de las pruebas.

Me impresiona ver la fortaleza de Ronny y su claridad al expresar que lo que Dios le ha dado a través de este libro no es para su uso exclusivo, sino para que todos lo que creemos en un Dios transformador, podamos aprender que es en Su presencia que podemos encontrar respuesta a cada una de las etapas que nos toca atravesar como sus hijos. Además, Ronny deja muy claro que, amar a Dios duele, y que es en ese dolor que se manifiesta el verdadero amor que trae paz al saber que cada sufrimiento es realmente Su plan en acción para llevarnos al lugar reservado para ti y para mí.

Espero que disfruten tanto como yo este relato de un hombre que, estando en la presencia de Dios, se le ha dado revelarnos un poco más de lo que ahora sabemos en parte acerca de nuestra vida y propósito en Cristo Jesús. Solamente me queda decirles a todos los lectores de este libro: ¡Manténganse tranquilos y confiados que Dios sabe a dónde los está llevando!

Néstor Vílchez
Cristiano, esposo y padre
Miami, FL

Introducción

En la travesía de la vida, a menudo nos encontramos con momentos en los que el silencio de Dios se convierte en un clamor que resuena en lo más profundo de nuestro ser. «Aunque la higuera no florezca» explora los caminos desiertos y oscuros que el Todopoderoso elige para llamar la atención de sus hijos, especialmente aquellos que, por alguna razón, han perdido de vista el propósito divino que se les ha encomendado.

En estas páginas, nos sumergiremos en la trama de la existencia humana, marcada por un llamado celestial que a veces se desvanece en el afán del día a día. Descubriremos cómo el amor de Dios, inmutable y eterno, puede manifestarse de maneras sorprendentes para guiarnos de vuelta a las sendas que conducen al cumplimiento de su propósito en nuestras vidas.

La esencia de este libro radica en la comprensión de que, aunque el camino pueda ser arduo y doloroso, cada paso es parte de un proceso de corrección, preparación y restauración. Inspirados por la verdad contenida en Hebreos 12:6 (TLA), que proclama: *«Dios corrige y castiga a todo aquel que ama y lo considera su hijo»*, exploraremos las dimensiones de ese amor transformador que nos llama de vuelta a alinearnos con los planes de Dios.

En estas páginas, seremos testigos de historias de personajes bíblicos que, antes de recibir la promesa de Dios, fueron procesados al pasar por grandes desiertos y tribulaciones. Cada capítulo desentraña un aspecto del misterioso tejido que conecta los eventos aparentemente caóticos de nuestras vidas con la intervención divina que busca restaurarnos a la plenitud de nuestro propósito.

Este libro no solo es un recordatorio de la paciencia y fidelidad divina, sino también una invitación a reflexionar sobre nuestras propias vidas. Nos desafía a reconocer las señales de Dios que, a veces, se manifiestan en la forma de desafíos, pérdidas o crisis, y nos insta a responder al llamado de Dios con humildad y disposición.

«Aunque la higuera no florezca» es un viaje emocionante hacia la comprensión más profunda del amor redentor de Dios y la manera en que Él utiliza todas las cosas para bien. En cada página, descubrirás que, incluso en los momentos aparentemente estériles de tu vida, la mano amorosa de Dios está trabajando para recordarte quién eres y cuál es tu verdadero propósito.

En última instancia, este libro no es simplemente un relato teórico sobre la acción de Dios, sino una crónica viviente de un viaje a través del desierto. Es un testimonio de primera mano, escrito en las arenas ardientes de las pruebas y tribulaciones. La pluma que traza estas palabras ha sido moldeada por el viento abrasador del desierto, y las lágrimas derramadas han dejado su huella en cada página. No es lo mismo escribir un libro de alguien que no ha pasado por un desierto; sin embargo, estas páginas fueron forjadas en medio de la aridez, donde cada experiencia compartida se convirtió en una herramienta que labró el camino para que hoy pueda contemplar, con asombro y gratitud, la mano de Dios obrando en mi vida. Este relato es más que palabras en un papel; es un eco de la fidelidad de Dios resonando en el silencio del desierto, recordándonos que incluso en la aparente sequedad de nuestras vidas, Él sigue abriendo camino en medio del desierto.

CAPITULO

Cuando Dios
detiene tus planes

Nuestra vida como un tren de alta velocidad

Es fascinante descubrir la vertiginosa velocidad con la que operan los trenes de alta velocidad, alcanzando asombrosas velocidades de hasta 220 km/h. Este fenómeno se ha convertido en una realidad palpable, especialmente en los países europeos, donde el traslado entre naciones se ha vuelto increíblemente eficiente gracias a estos trenes diseñados específicamente para altas velocidades.

Los trenes de alta velocidad, conocidos como trenes AVE en España, TGV en Francia, ICE en Alemania y Eurostar, que conecta el Reino Unido con Europa continental, han revolucionado el transporte ferroviario. Estos sistemas ferroviarios han sido diseñados con tecnología avanzada para operar a velocidades muy superiores a las de los trenes convencionales. Cuentan con sistemas modernos de control y monitoreo, vías especialmente diseñadas, y protocolos rigurosos de mantenimiento. A lo largo de los años, han demostrado ser uno de los medios de transporte más seguros y eficientes, con bajos índices de accidentes en comparación con otros modos de transporte.

En esta era de constante evolución y avances tecnológicos, nos vemos inmersos en cambios agitados que nos impulsan a llevar una vida acelerada. Las demandas del mundo moderno, la interconexión digital y la búsqueda constante de eficiencia nos han colocado en un escenario donde el tiempo se convierte en un recurso valioso y escaso. La presión por cumplir con múltiples roles y responsabilidades nos insta a adoptar un ritmo acelerado, enfrentando desafíos diarios para equilibrar nuestras agendas. En este contexto vertiginoso, la necesidad de adaptación se convierte en una constante, y la habilidad para gestionar el tiempo se vuelve esencial para sobrellevar los embates de una vida que avanza a pasos veloces.

El mundo de la tecnología ha tratado de automatizar algunas cosas para que podamos vivir según las exigencias de hoy en día. Es en ese mismo instante donde olvidamos hacer aquellas cosas a las que hemos restado valor y que consideramos de menor importancia.

Siempre me he preguntado: ¿Qué sucedería si un tren de alta velocidad frena de golpe? No soy muy estudioso de la física, pero estoy seguro de que el resultado sería catastrófico. Un tren de alta velocidad requiere 100 veces la distancia para detenerse, es decir, debe recorrer al menos un kilómetro para detenerse por completo. En el año 2020, un tren de alta velocidad que cubría la ruta de Estrasburgo a París con 348 pasajeros a bordo se descarriló, resultando 21 personas heridas, incluyendo al conductor, quien estuvo en estado grave. Según el informe, el tren viajaba a 270 kilómetros por hora y, debido a un debilitamiento de las vías, cuatro vagones se salieron de las vías del ferrocarril.

A veces llevamos nuestras vidas tan rápidas que las podemos comparar con estos trenes de alta velocidad. En la mañana salimos a nuestro trabajo y en un abrir y cerrar de ojos ya estamos en la hora del almuerzo. Y cuando creemos que han pasado solo algunos minutos, ya es hora de salir y regresar a casa. Aunque pueda parecer monótono hacer lo mismo todos los días, no nos damos cuenta de que una vida acelerada, como un tren de alta velocidad, nos hace olvidar detalles esenciales de nuestra vida.

Viajar en un tren de alta velocidad puede ser una experiencia fascinante. Podemos admirar la belleza de la naturaleza que se despliega ante nuestros ojos a través de las ventanas de estos cómodos trenes. Montañas, ríos, campos, bosques y ciudades nos muestran la diversidad y riqueza de nuestro mundo. Pero al mismo tiempo, podemos perdernos muchos detalles de esos paisajes debido a la velocidad que pueden alcanzar estos trenes. No podemos apreciar las flores, los animales, las personas, las casas y los monumentos que forman parte de esos escenarios. No podemos detenernos a contemplar, reflexionar y disfrutar.

Podemos comparar esta metáfora con nuestras vidas. A veces vamos tan rápido que no nos damos cuenta de que hemos abandonado el propósito que Dios ha establecido en nuestras vidas. No nos detenemos a agradecer por cada día, por respirar, por cada oportunidad. No nos fijamos en las personas que nos rodean, en sus necesidades, en sus sentimientos, en sus sueños. Perdemos el interés por conocer más a Dios, por leer su Palabra, por escuchar su voz, por obedecer su voluntad. En ese mismo instante dejamos de ser sensibles a la voz del Espíritu Santo y decidimos tomar el control de nuestras vidas porque entendemos que lo podemos hacer por nuestra cuenta. *«Pues mi pueblo ha cometido dos maldades: me ha abandonado a mí —la fuente de agua viva— y ha cavado para sí cisternas rotas, ¡que jamás pueden retener el agua!» (Jeremías 2:13).*

Al tomar nosotros el timón de nuestras vidas, el trabajo, el dinero, la fama y el éxito se convierten en nuestras prioridades, pensando que alcanzarlos sería la fuente de la felicidad y la satisfacción. Perdemos tanto el enfoque del propósito que se nos atrofian los sentidos espirituales para escuchar la voz de Dios. La Biblia nos dice: *«Porque, ¿qué aprovechará al hombre si ganare todo el mundo, y perdiere su alma?» (Marcos 8:36).* Definitivamente, cuando llevamos una vida acelerada no podemos reflexionar sobre nuestras prioridades y valores. Dejamos de apreciar los detalles y comenzamos a ver un paisaje incierto de planes que son pasajeros y no permanecerán para siempre. *«Así que el Señor dice: «Este pueblo dice que me pertenece; me honra con sus labios, pero su corazón está lejos de mí. Y la adoración que me dirige no es más que reglas humanas, aprendidas de memoria» Isaías 29:13.*

¿Qué sucedería si Dios detiene de manera repentina el tren de nuestras vidas?

Cuando el tren de nuestras vidas se detiene abruptamente, es evidente que experimentarás dolor, aunque esta parada repentina resultaría necesaria para el propósito de Dios. Proverbios 19:21 subraya que, a pesar de hacer nuestros planes, el propósito del Señor siempre prevalecerá. Los designios de Dios son esenciales, porque su voluntad es siempre buena, agradable y perfecta, como afirma Jeremías 29:11: *«Pues yo sé los planes que tengo para ustedes, planes para lo bueno, no para lo malo, para darles un futuro y una esperanza».*

Cuando un tren se desplaza a alta velocidad, la energía cinética es significativa. Al frenar abruptamente, tanto los pasajeros como el tren enfrentan una fuerza de inercia intensa que podría causar daños graves. En momentos en que nos preguntamos por qué Dios permite una detención drástica en nuestra vida, Romanos 8:28 nos asegura que todo contribuye para bien de aquellos que aman a Dios y están llamados según su propósito. Esta interrupción se convierte en una manera amorosa de llamar nuestra atención en medio de nuestras vidas aceleradas.

El proceso puede ser doloroso, ya que en ese momento, nuestros planes se desmoronan y nos vemos sin opciones aparentes. La historia de Jeremías visitando al alfarero, como se relata en Jeremías 18:1-4, ilustra por qué Dios permite que experimentemos dolor en ciertos momentos debido al rumbo que está tomando nuestra vida. Así como el alfarero aplasta y reconstruye la vasija que no toma la forma adecuada, Dios nos remodela amorosamente para ajustarnos a su diseño.

El paisaje de la preocupación

Uno de los engaños visuales que nos impulsa a llevar una vida acelerada es la preocupación. Según el diccionario, la preocupación es «el estado de ocupación del pensamiento en algo», y suele asociarse con angustia e intranquilidad, es decir, cuando permitimos que la mente se sumerja en las dificultades o los problemas. Mantenernos en este estado nos impide pensar con claridad, llevándonos a creer erróneamente que debemos sumergirnos en el afán para equilibrar nuestras vidas.

En Mateo 6:34, Jesús advirtió a sus discípulos que no se preocuparan por la vida diaria, y es esto lo que nos induce a

Los contratiempos en tu
vida son una parada
divina de preparación
para tu destino.
Recuerda siempre que tu
situación actual no es
una residencia
permanente, es
solamente una
temporada de tu vida.

*«Hay una temporada para todo, un tiempo
para cada actividad bajo el cielo. Un
tiempo para nacer y un tiempo para morir.
Un tiempo para sembrar y un tiempo para
cosechar» (Eclesiastés 3:1-2).*

llevar una vida apresurada. Las inquietudes acerca de nuestras responsabilidades laborales, la obtención de dinero para el alquiler o cómo pagar la colegiatura de nuestros hijos son pensamientos que inundan nuestra mente cuando aceleramos nuestro tren personal. Jesús trató de hacer comprender a sus discípulos la necesidad de no ceder a la preocupación por las necesidades básicas como alimento y vestimenta en el camino. Permitir que la preocupación tome el control es despojar a Dios de su papel como proveedor. «*No tengas miedo, porque yo estoy contigo; no te desalientes, porque yo soy tu Dios. Te daré fuerzas y te ayudaré; te sostendré con mi mano derecha victoriosa*» *(Isaías 41:10).*

Siempre he afirmado que Dios nos enseña lecciones sobre su providencia a través de la naturaleza. Jesús utilizó ejemplos para ilustrar el cuidado de Dios al proveer alimento a las aves y vestimenta a los hermosos lirios del campo.

Hay una canción en inglés llamada "Birds" de Anna Golden, que en sus letras narra el secreto que tienen las criaturas de la naturaleza para no preocuparse. La traducción al español sería así:

Birds (Anna Golden)

Las aves en el aire, no se preocupan
El sol nunca tiene miedo de salir
Si toda la creación depende de tu bondad,
¿Por qué no puedo hacerlo también?

[Pre-Coro]
La ansiedad es algo tan humano
Pero, ¿qué saben las criaturas acerca de ti?

[Coro 1]

Todos saben que eres fiel y que eres verdadero
Harás todo lo que dijiste que harías
Todos saben que eres encantador y que solo eres
Yo también sé estas cosas, pero debo
Admitir que a veces soy tan humano
Todo lo que has hecho por toda la creación
Lo has hecho en mi vida también."

En nuestra familia, tenemos un perro llamado Paco, y siempre me he preguntado: ¿de dónde saca tanta energía? Nunca lo he visto sentado y distraído pensando en cómo obtendrá su comida mañana. Paco confía en que cada día, mi hija llenará nuevamente su plato de comida, ¡y listo! Pero, ¿por qué los humanos nos preocupamos? ¿Qué saben las aves y los animales que nosotros aún no comprendemos? Sin duda, fueron diseñados para confiar plenamente en la bondad de Dios.

Los seres humanos, a diferencia de los animales, tenemos la capacidad de razonar, por lo que esto es lo que nos impide confiar plenamente en Dios. El pensamiento excesivo en los planes superficiales está provocando que muchas personas estén siendo esclavos de la depresión, estrés y ansiedad. Jesús intentó proteger a sus discípulos de aferrarse a la preocupación al decirles: *«Si Dios hace tan hermosas a las flores, que viven tan poco tiempo, ¿acaso no hará más por ustedes? ¡Veo que todavía no han aprendido a confiar en Dios!» (Mateo 6:30 TLA).*

A diario, nos enfrentamos a situaciones que podrían causarnos preocupación, pero debemos ser conscientes de que permitir que estos pensamientos nos dominen puede dar lugar a la incredulidad, sin reconocer que nuestro Padre celestial puede proveernos de nuestras necesidades. *«Sólo los que no conocen a Dios se preocupan por eso. Ustedes tienen como padre a Dios que está en el cielo, y él sabe lo que ustedes necesitan» (Mateo 6:32 TLA).* ¡Qué asombroso es saber que alguien conoce lo que necesito!

Filipenses 4:6 nos insta a no preocuparnos por nada, sino presentar todas nuestras necesidades a Dios en oración y acción de gracias. Entonces experimentamos una paz sobrenatural que supera todo entendimiento, cuidando nuestro corazón y pensamientos de las preocupaciones. No obstante, las preocupaciones pueden llevarnos a construir planes que no necesariamente se alinean con el propósito que Dios tiene para nuestras vidas.

Perder para aprender

Todavía no he conocido a nadie que me diga que le guste perder. En una competencia, todos participan para ganar. Siempre nos esforzamos para salir con el trofeo en mano de nuestras victorias. No existe nadie que pueda decir que tiene experiencia en perder; todos compiten bajo un mismo fin.

Cuando era adolescente, recuerdo que al jugar baloncesto siempre procuraba pertenecer al mejor equipo para no perder. *(Dígame, por favor, que no fui solo yo que hice eso en mi adolescencia)* Cada vez que el equipo jugaba, yo era la última opción de los jugadores y siempre me colocaban en la cancha en los últimos momentos cuando la victoria ya estaba asegurada. Sin embargo, perder a veces es bueno, ya que podemos utilizar las derrotas para aprender, fortalecernos y superar nuestras debilidades para seguir adelante. Como siempre buscaba pertenecer a los mejores equipos, nunca pude mejorar mis habilidades en el juego y solo fui un jugador más.

En el inicio de un proceso guiado por la voluntad de Dios, resulta crucial aceptar que, como parte de dicho camino, podríamos encontrarnos ante la posibilidad de perderlo todo. Este escenario se evidenció en la historia de Job, donde, con el propósito de poner a prueba su fidelidad e integridad, Dios permitió la pérdida de sus bienes, familiares y amigos.

Entiendo que nadie desearía atravesar un proceso similar al de Job, pero es esencial reconocer que, cuando Dios busca captar nuestra atención, las circunstancias no permanecerán iguales. A veces, debemos aprender a dejar ir para orientarnos nuevamente hacia el propósito que Dios ha establecido en nuestras vidas.

La cantante cristiana Lilly Goodman tiene una canción titulada «Sin dolor». Esta canción puede ilustrar claramente la necesidad de permitir que Dios interrumpa el curso de nuestra vida de esa forma. Por lo tanto, a veces es necesario pasar por un proceso de dolor, ya que la experiencia que adquirimos puede ayudarnos en nuestro crecimiento y madurez espiritual.

Aunque el proceso pueda parecer eterno y doloroso, debemos tener en cuenta que estamos bajo el amor y cuidado de nuestro Dios y que nos ha prometido no poner mucha más carga de la que podamos soportar. *«Las tentaciones que enfrentan en su vida no son distintas de las que otros atraviesan. Y Dios es fiel; no permitirá que la tentación sea mayor de lo que puedan soportar. Cuando sean tentados, él les mostrará una salida, para que puedan resistir»* *(1 corintios 10:13).*

Notas

Mantén la esperanza viva, confiando en que el Dios que lo hizo ayer, lo hará una vez más en tu vida.

«La familia más pequeña se convertirá en mil personas, y el grupo más diminuto se convertirá en una nación poderosa. A su debido tiempo, yo, el Señor, haré que esto suceda» (Isaías 60:22).

CAPITULO

Cambia tu enfoque

Cuando Dios busca captar nuestra atención, lo hace por razones específicas: cuando nos hemos apartado de su propósito o cuando desea dirigir nuestra visión hacia otra temporada. En momentos de prueba o dificultad, es común refugiarnos en pensamientos arraigados en el pasado o en el futuro. Notablemente, saturarnos de pensamientos del pasado puede sumirnos en la depresión, mientras que enfocarnos mayormente en el futuro nos lleva a la ansiedad.

El término "enfoque", derivado del latín "focus" que significa "hogar" o "lugar de reunión", en la Biblia se refiere a la capacidad de orientar la mente y el corazón hacia las cosas de Dios. El enfoque es la habilidad de concentrarse en algo, determinando lo que pensamos. Si nos centramos en el pasado, es probable que nuestros pensamientos nos conduzcan a la amargura o la depresión. *«Y ahora, amados hermanos, una cosa más para terminar. Concéntrense en todo lo que es verdadero, todo lo honorable, todo lo justo, todo lo puro, todo lo bello y todo lo admirable. Piensen en cosas excelentes y dignas de alabanza» (Filipenses 4:8).*

Centrarnos en el presente se convierte en una pieza fundamental para nuestras vidas. Un ejemplo destacado es el encuentro de Moisés con Dios a través de la zarza ardiente en el desierto. Este encuentro cambió el enfoque de Moisés, transformándolo de pastor de ovejas a libertador del pueblo de Israel. Atrapado en pensamientos del pasado, Moisés cuestionó su identidad y su capacidad. Es común que en momentos de desierto nos hagamos preguntas similares.

La respuesta de Dios a Moisés, presentándose como «YO SOY EL QUE SOY», resalta la importancia de vivir en el presente. Neutralizar los pensamientos sobre el pasado o el futuro es esencial al decidir darle el control de nuestras vidas a Dios.

Cambiar nuestro enfoque significa establecer prioridades en nuestras vidas. Mateo 6:33 nos insta a buscar el reino de Dios por encima de todo y vivir con justicia. La palabra "prioridad", derivada del latín "prior" (anterior), implica atender a una cosa antes que a otra. Nuestro enfoque principal debe ser ocuparnos de los asuntos del reino, sin preocuparnos por el futuro. Dios mismo se encargará de agregar a nuestra vida lo que necesitamos para avanzar. Después de reconocer que Dios es un Dios del presente, la siguiente acción es restablecer nuestra relación con Él.

Restablecer tu relación con Dios

Cuando Dios permite que entremos en un proceso, siempre lo hace para comunicarse con nuestro corazón. A veces Dios nos lleva a lugares desiertos y áridos para que tengamos un encuentro con Él. *«Pero luego volveré a conquistarla. La llevaré al desierto y allí le hablaré tiernamente» (Oseas 2:14).*

En nuestros días de vida acelerada, nuestras prioridades quizás eran principalmente cosas materiales, relegando nuestra relación con Dios o nuestra vida ministerial. Sin embargo, cuando estamos en medio del proceso, es imperativo reorganizar esas prioridades, dando a Dios el primer lugar en todo lo que hacemos, convirtiéndolo en el centro de cada movimiento que realicemos de ahora en adelante.

Derribando los ídolos

Cuando buscamos establecer una relación correcta con Dios, debemos identificar lo que no agrada a Dios en nuestras vidas. Una de las cosas que Dios detesta es la idolatría. Desprecia la adoración a cualquier cosa que no sea Él mismo. *«No tengas ningún otro dios aparte de mí. No te hagas ninguna clase de ídolo ni imagen de ninguna cosa que está en los cielos, en la tierra o en el mar» (Éxodo 20:3-4).*

En ocasiones, oramos a Dios para que nos entregue algo, una beca o un nuevo puesto en una empresa, una pareja o buena salud. Sin embargo, una vez que el milagro sucede, quitamos a Dios de su primer lugar y colocamos lo que hemos recibido allí. «Respondiendo Jesús, dijo: ¿No son diez los que fueron limpiados? Y los nueve, ¿dónde están?» (Lucas 17:17).

Recuerdo cuando era pequeño tenía un juguete favorito, un carro control remoto alámbrico. Pero al año siguiente, cuando mis padres me regalaron un carro rojo a control remoto, pero a diferencia del anterior, este era inalámbrico. Inmediatamente, comenzó a ser mi juguete favorito y el primer carro quedó en el olvido. De manera similar, cuando Dios nos concede algo que hemos pedido por tanto tiempo, a menudo hacemos tantos planes con nuestra necesidad que nos olvidamos completamente de quién hace posible los milagros.

Cosas como el trabajo, los hijos, los cónyuges, los títulos profesionales, los bienes materiales y el dinero son los ídolos que atacan a muchos cristianos hoy en día. Esto sucede porque malinterpretamos el término idolatría y entendemos que un ídolo es solo una estatua o imagen, cuando en realidad puede ser cualquier cosa que coloquemos por encima de Dios. Estos ídolos los utilizamos para sentirnos autosuficientes, representamos nuestras vidas con lo que hemos logrado y muchas veces estos ocultan el verdadero vacío que está en nuestro interior.

En el libro de los Jueces, capítulo 6, el pueblo de Israel volvió a pecar contra Dios, y Dios los entregó a los madianitas durante siete años. La opresión de los madianitas fue intensa, y Gedeón fue elegido por Dios para librar a su pueblo. La primera instrucción de Dios a Gedeón fue «Derriba el altar de Baal y la estatua de la diosa Asera». Durante mucho tiempo, el pueblo de Israel olvidó a Dios y sirvió a Baal y la imagen de Asera. Para restablecer nuestra relación con Dios, todo lo que hemos puesto en el lugar que le pertenece a Él debe ser derribado y destituido de nuestras vidas.

No podemos buscar primeramente a Dios si todavía tenemos algo o alguien en ese primer lugar. Una vez que colocamos a Dios en el lugar que corresponde, Él mismo se encargará de restablecer y proveer las añadiduras que necesitamos para caminar bajo el propósito de su eterna voluntad.

El principio clave para restablecer prioridades es colocar a Dios en primer lugar. *«Busquen el reino de Dios POR ENCIMA DE TODO DEMÁS» (Mateo 6:33)*. Recuerdo que cuando era niño, si me veía amenazado, iba en busca de mis padres porque sabía que tenían más poder para defenderme. ¿Acaso usted nunca utilizó la frase «Se lo voy a decir a mi papá»? ¿Acaso era solo yo quien lo hacía? Levante ahora mismo su mano derecha y diga «yo también lo hice». Pero ¿Por qué decíamos eso? Era la señal de que teníamos a alguien con mucho más poder que podía defendernos ante cualquier circunstancia. De manera que, ante cualquier situación, tú y yo no fuimos creados para depender de ídolos, sino que, como hijos de Dios, tenemos el derecho de buscarlo primero a Él y ante cualquier adversidad decir «¡Se lo voy a decir a Papá!».

«Y ustedes no han recibido un espíritu que los esclavice al miedo. En cambio, recibieron el Espíritu de Dios cuando él los

adoptó como sus propios hijos. Ahora lo llamamos «Abba, Padre». Pues su Espíritu se une a nuestro espíritu para confirmar que somos hijos de Dios. Así que, como somos sus hijos, también somos sus herederos. De hecho, somos herederos junto con Cristo de la gloria de Dios; pero si vamos a participar de su gloria, también debemos participar de su sufrimiento» (Romanos 8:15-17).

¿Quiénes entrarán en la barca?

La decisión de poner a Dios en primer lugar no debe ser circunstancial, sino habitual e intencional. Durante una visita de Jesús a Capernaum, después de sanar a mucha gente, instruyó a sus discípulos que cruzaran al otro lado del lago de Galilea. En ese momento, un maestro de la ley se acercó y le dijo: «— *Maestro, te seguiré donde quiera que vayas»* - *(Mateo 8:19)*, a lo que Jesús respondió: *«Las zorras tienen guarida y las aves del cielo nido; más el hijo del hombre no tiene dónde recostar su cabeza»*. Es innegable que los seguidores de Jesús deben estar dispuestos a renunciar a las comodidades terrenales. Establecernos y acomodarnos en un lugar puede dar la impresión de haber llegado a nuestro destino, pero es vital recordar que nuestra verdadera ciudadanía no reside en este mundo; más bien, pertenecemos a los cielos. Este entendimiento redefine nuestro sentido de pertenencia y nos insta a vivir con una perspectiva celestial, reconociendo que somos ciudadanos de un reino eterno que trasciende las limitaciones terrenales. Renunciar a las comodidades no solo implica un cambio en nuestra posición física, sino también un cambio en nuestra mentalidad y enfoque, eligiendo las prioridades del reino de Dios por encima de las comodidades temporales de este mundo.

Luego, otro discípulo del maestro de la ley dijo: «*Permíteme que vaya primero y entierre a mi padre, y LUEGO TE SEGUIRÉ*» *(Mateo 8:21)*. Evidentemente, este discípulo no comprendió que debía estar dispuesto a dejarlo TODO para ser seguidor de Cristo. Indudablemente, ordenar nuestras prioridades implica poner a Dios en primer lugar, incluso por encima de nuestra familia y obligaciones sociales, asumiendo un compromiso total con Él y no posponiendo el llamado por otras obligaciones.

Después de estas interacciones, Jesús cruzó el lago con sus discípulos (Mateo 8:23). Entrar en la barca con Jesús implica dejar a un lado el control de nuestras vidas y sujetarlas a la voluntad de Dios. Muchos quieren ser seguidores de Jesús, pero no todos están dispuestos a asumir lo que implica. Resulta irónico que, hoy en día, tengamos muchos cristianos en nuestras congregaciones, pero muchos aún están en la orilla del lago porque no han tomado la decisión de entrar en la barca con Jesús. Entrar en la barca con Jesús implica navegar contra el viento del mundo. En ningún lugar de la Biblia se nos habla de un evangelio fácil. Jesús les dijo a sus discípulos: *«aquí en el mundo tendrán muchas pruebas y tristezas; pero anímense, porque yo he vencido al mundo»* *(Juan 16:33)*. Aunque seguir a Jesús quizás no sea atractivo para muchos, lo mejor que podemos recibir es la invitación de Jesús a entrar en la barca con Él. ¿Y tú? ¿Te animas a subir a la barca?

Si hoy estás pasando por un proceso de prueba o dificultad, significa que estás en el lugar correcto. ¡Así es!, por más difícil que resulte entender, cuando las pruebas y dificultades llegan a nuestras vidas sin ninguna razón, significa que hemos subido a la barca con Jesús.

Una de las estrategias de Satanás es levantar grandes tempestades en tu vida para hacerte retroceder y evitar que cumplas el destino profético que Dios ha establecido para ti.

Cuando los discípulos entraron en la barca con Jesús, se desató una gran tempestad que cubría la barca. Mientras los discípulos estaban aterrados, «JESÚS DORMÍA». Expertos en psicología señalan que una persona que duerme profundamente lo hace porque se siente tranquila y confiada. Precisamente eso experimentaba nuestro Señor Jesús en ese escenario. Podríamos reaccionar como los discípulos ante circunstancias similares, pero debemos saber que, si Jesús está en la barca, Él puede levantarse en cualquier momento y calmar viento y olas. Por lo tanto, una vez que colocas a Dios en primer lugar, puedes estar seguro de que tu destino no lo determinan las circunstancias que el enemigo te coloca por delante, sino lo que está en las manos de Dios.

Como seguidores de Jesús, nos encontramos frecuentemente con desafíos y vientos contrarios que pueden resultar desconcertantes. A pesar de que estos momentos puedan generar confusión, en realidad, están destinados a ser instrumentos que nos ayuden a descubrir el propósito genuino de nuestra existencia en esta tierra. Estos desafíos no son obstáculos aleatorios, sino oportunidades que, aunque difíciles, nos permiten revelar la auténtica dirección de nuestras vidas bajo la guía divina.

Con esta perspectiva, incluso los momentos confusos se convierten en parte esencial de nuestro viaje hacia el propósito que Dios ha establecido para nosotros.

En medio de la tempestad, los discípulos pensaron que morirían. Aunque eran pescadores acostumbrados a las tormentas, esta era muy grande. El miedo los invadió, pero Jesús les preguntó: «*¿Tienen tan poca fe?*» Antes de obtener una gran victoria, siempre enfrentaremos grandes tormentas para probar nuestra fe. Un dicho cristiano dice: «Dime el tamaño de tu prueba y te diré lo grande que será tu bendición». No es casualidad que al otro lado del lago llegarían a la tierra de Gadara, una ciudad de Decápolis habitada por gentiles, y que los discípulos presenciarían la liberación del endemoniado de Gadara, quien se convirtió en el primer evangelista entre los gentiles (Marcos 5:20).

Una vida alejada de Dios nos hace perder el enfoque principal de nuestras vidas. Dios ha designado un propósito para cada uno de nosotros, pero a menudo ese propósito se ve empañado por las distracciones que llegan, fruto del afán y la ansiedad. Definitivamente, nunca es tarde para reenfocar nuestra vida y restablecer nuestra relación con Dios.

Aunque creamos que nuestra vida espiritual está bien, la realidad podría ser que estamos tan distantes como una oveja descarriada fuera del redil. ¡Es hora de hacer una evaluación introspectiva para ver en qué lugar nos encontramos!

Notas

La tranquilidad es la
evidencia de que estás
permitiendo que Dios
pelee por ti.

*«El Señor mismo peleará por ustedes. Solo
quédense tranquilos» (Éxodo 14:14).*

CAPITULO

Conoce la voluntad de Dios

En la creación, Dios otorgó al hombre la facultad de tener libre determinación o libre albedrío, es decir, de decidir entre obedecer o desobedecer la voz de Dios (Génesis 2:17) (Génesis 3:6). Por esa razón, el hombre ha tenido la libertad de elegir sus propias decisiones. El libre albedrío es la facultad que posee el ser humano para actuar según su propio juicio y elección. Implica que las personas gozan naturalmente de la libertad para tomar decisiones sin estar sometidas a presiones, necesidades, limitaciones, condicionamientos o una predeterminación divina.

Una vez cuando estuve en la universidad, entré al aula correspondiente para recibir la clase de Derecho Penitenciario, una vez allí me encontré con una conversación entre un grupo de estudiantes y el maestro que cuestionaban sobre la existencia de Dios y si Dios debería obligar a todos los seres humanos a hacer su voluntad. No les puedo negar que me sentí tentado a participar, por lo que, desde lejos, expresé: «¿Dónde quedaría la soberanía de Dios?» Los estudiantes se volvieron hacia mí con cara de «¿y a este quién le dijo que opinara?», pero el profesor me indicó que continuara, él quería escuchar mi punto. Les expliqué: «si Dios quisiera que hiciéramos lo que Él quiere, ¿dónde estaría su soberanía? Estaría obligando a alguien a amarlo por encima de su decisión». En ese momento, le pregunté al maestro: «¿Le gustaría estar con alguien que lo ame por obligación o por elección?» El profesor levantó las cejas, indicando que entendió mi punto.

Aunque algunas denominaciones no crean en la libertad para elegir, entiendo que Dios nos creó con libre albedrío para que nos acerquemos a Él por voluntad propia y no por obligación. Mientras veía la película cristiana «El Corazón del Hombre», escuché una frase que me llamó la atención: «Dios nos dio libertad para amar; si no tenemos la opción de decir no, no tendría sentido decir sí». Dios no está interesado en personas que lo amen por obligación; quiere que lo busquemos de corazón y vivamos para Él; en eso consiste el amor hacia Dios.

Deja que Dios decida por ti

La voluntad es la facultad de decidir y ordenar la propia conducta. Como Dios le otorgó al hombre la facultad de decidir sobre su propia vida, este tiene la capacidad de rechazar o aceptar, obedecer la voluntad de Dios según el propósito establecido sobre nosotros.

Una vez escuché a un pastor decir: «Dios es el único que, al escribir tu historia, comienza por el final». ¡Y es cierto! Dios conoce bien mi futuro y es capaz de guiarme para poder cumplir el destino que Él ha diseñado para mí. Es decir, que cada uno de nosotros tiene un plan o propósito establecido por Dios para cumplir aquí en la tierra. Es nuestra responsabilidad dejarnos guiar hacia ese propósito y dejar que Dios tome las decisiones por nosotros. Por lo tanto, ¿en manos de quién dejaré mi vida, sino en aquel que escribió mi propia historia?

El salmista David en el Salmo 40, verso 8, dijo: *«El hacer tu voluntad, Dios mío, me ha agradado y tu ley está en medio de mi corazón».* No es tan difícil comprender que, desde la caída del hombre, no podemos depender de nuestra propia voluntad, ya que la naturaleza pecaminosa nos lleva a la muerte (Romanos 8:13). Por lo tanto, es necesario que toda persona que profese ser seguidor de Cristo renuncie a su propia voluntad y permita que se haga la voluntad de Dios en su vida.

Hacer la voluntad de Dios significa que, ya no decido ni ordeno mi propia conducta, sino que es la voluntad de Dios la que decide por mí. La voluntad de Dios es callar y dejar que Él tome las decisiones. Es morir al propio yo y permitir que Cristo habite en tu corazón: *«Ya no vivo yo, más vive Cristo en mí» (Gálatas 2:20).*

Con Cristo estoy juntamente crucificado; por lo tanto, haciendo la voluntad de Dios, aunque sea participante de los padecimientos de Cristo, debo estar gozoso en el presente y mucho más en la revelación de su gloria.

Conoce la voluntad de Dios

Una de las preguntas que siempre se hace el creyente es: ¿Cómo puedo conocer la voluntad de Dios? Al menos, esa fue una de las preguntas que me hice cuando era nuevo creyente. La voluntad de Dios está establecida en su palabra y es invariable, es decir, no cambia. En el libro de Romanos, podemos encontrar algunas pautas que debe seguir un cristiano para encontrar y hacer cumplir la voluntad de Dios en su vida. *«No os conforméis a este siglo, sino transformaos por medio de la renovación de vuestro entendimiento, para que comprobéis cuál sea la buena voluntad de Dios, agradable y perfecta» (Romanos 12:2 RVR 1960).*

1) No os conforméis a este siglo

La versión Nueva Traducción Viviente dice: *«No imiten las conductas ni las costumbres de este mundo».* Es importante entender que la voluntad de Dios nunca la encontraremos imitando las conductas y las costumbres que ha adoptado el mundo. Por lo tanto, la voluntad del mundo siempre será contraria a la voluntad de Dios. La conformidad se refiere a la tendencia de una persona a ajustar sus creencias, actitudes o comportamientos para adaptarse a las normas o expectativas del grupo al que pertenece. Este fenómeno social implica que las personas a menudo buscan la aprobación y aceptación de los demás, lo que puede influir en su capacidad para expresar opiniones independientes o tomar decisiones autónomas.

La conformidad puede manifestarse en diversas situaciones, como en grupos sociales, entornos laborales o incluso en situaciones cotidianas, y puede ser influenciada por factores como la presión del grupo, el deseo de pertenencia, el miedo al rechazo o la necesidad de aprobación social. Es decir, conformarnos a este mundo sería aceptar que la voluntad del mundo reine y gobierne nuestras vidas. No quisiera parecer religioso, pero hoy en día, las conductas y costumbres del mundo están presentes en muchas iglesias bajo la premisa de que «es una forma de alcanzar a los perdidos». Por lo que no me sorprendería más adelante ver a un "ministro de Dios" con un vaso de cerveza en la mano compartiendo el evangelio con unos borrachos. Pero honestamente, para abundar más, necesitaría escribir un libro solo para esto. Cómo diría el pastor Juan Carlos Harrigan "¿Sigo o paro?"

Otra de las connotaciones que puede tener la palabra conformidad es que también significa «semejanza entre dos personas». Es decir, si yo adapto mi comportamiento a lo que hace el mundo, me estoy haciendo semejante a los del mundo. En el diseño original no fuimos creados para ser conformes al mundo, sino que fuimos creados conforme a la imagen y semejanza de Dios. *«Entonces Dios dijo: 'Hagamos a los seres humanos a nuestra imagen, PARA QUE SEAN CÓMO NOSOTROS. Ellos reinarán sobre los peces del mar, las aves del cielo, los animales domésticos, todos los animales salvajes de la tierra y los animales pequeños que corren por el suelo»* *(Génesis 1:26).*

Adoptar la conformidad del mundo sería perder la esencia por la cual tú y yo fuimos creados; es decir, desde la creación, Dios nos formó con la capacidad de que su voluntad viva en nosotros. Sin embargo, esa conexión se rompió en la caída del hombre, cuando este decidió sobre sus propias convicciones lo que era correcto o no.

2) Renovar el entendimiento

La Nueva Traducción Viviente afirma: *«Permitan que Dios los transforme en personas nuevas al cambiar su manera de pensar».* ¿Por qué Dios mostraría tal interés en cambiar nuestra manera de pensar? La palabra griega "metanoia" implica una transformación profunda de la mente, un arrepentimiento genuino y un cambio en la orientación y dirección de la vida. Esta palabra no se presenta directamente en la Biblia, el concepto al que se asemeja se halla en el Nuevo Testamento, especialmente en su versión original en griego. El término relacionado que se encuentra en el Nuevo Testamento es "metanoeo" (μετανοέω), comúnmente traducido como "arrepentirse". Este arrepentimiento no se limita al pesar por los pecados, sino que abarca un cambio fundamental en la manera de pensar y actuar. En el contexto bíblico, implica apartarse del pecado y retornar a Dios, buscando una vida de obediencia a sus mandamientos.

Un ejemplo destacado de este concepto se halla en el Evangelio según (Mateo 4:17), donde Jesús inicia su ministerio público proclamando: *«Arrepiéntanse de sus pecados y vuelvan a Dios, porque el reino del cielo está cerca».* Aquí, "arrepentirse" connota no solo sentir pesar, sino también cambiar la orientación de la vida para buscar la voluntad de Dios.

A causa del pecado, el hombre perdió su esencia original. Por esta razón, Dios manifiesta un interés profundo en que cada uno de sus hijos regrese al diseño original para el cual fueron creados. Para comprender la voluntad de Dios, debemos abrazar una mentalidad transformada.

3) Comprobar la voluntad de Dios

«Entonces aprenderán a conocer la voluntad de Dios para ustedes, la cual es buena, agradable y perfecta» (Romanos 12:2b). Para comprobar la voluntad de Dios, debemos aplicar tres principios en nuestras vidas. El primero es que la voluntad de Dios se revela a través de su palabra. El

segundo principio es que podemos conocer la voluntad de Dios mediante la oración, y el tercero es que Dios nos muestra su voluntad mediante la ayuda del Espíritu Santo: *«Cuando venga el Espíritu de verdad, él los guiará a toda la verdad. Él no hablará por su propia cuenta, sino que les dirá lo que ha oído y les contará lo que sucederá en el futuro»* (Juan *16:13).* No todo lo que escuchamos será la voluntad de Dios, por lo que es crucial, antes de decir "Dios me dijo", comprobar a través de la palabra, la oración y la guía del Espíritu Santo, si lo escuchado refleja verdaderamente la voluntad de Dios.

No podemos aprender a conocer la voluntad de Dios sin renunciar a la voluntad del mundo y permitir que Dios sea quien transforme nuestra manera de pensar. Como hijos de Dios, anhelamos tener una vida bendecida sin dificultades, pero para que Dios cambie nuestra manera de pensar, nuestro cuerpo carnal no siempre comprenderá que su voluntad siempre será buena y agradable. En nuestro proceso hacia la estatura del varón perfecto, Dios permite que atravesemos dificultades para prepararnos para el propósito que Él ha establecido en nosotros.

Decirle a Dios que haga su voluntad puede sonar fácil, pero la práctica es totalmente contraria. A menudo podríamos cantar adoraciones que hablen sobre «hacer tu voluntad», pero enfrentar la realidad no resulta tan agradable, ya que muchos de nosotros hemos vivido según nuestros propios placeres y criterios.

Dejar que Dios nos guíe en sus sendas de justicia no será humanamente agradable en nuestro proceso de transformación. No piense usted que me estoy refiriendo a los programas de transformación de imagen y cuerpo que ofrecen algunas empresas y gimnasios. En esos programas se necesita de la orientación de un entrenador, quien ayude a cumplir con las metas establecidas para poder cumplir con el propósito del programa. La función principal de esos entrenadores es de orientación, lo que quiere decir que no están contigo siempre para ayudarte a superar los obstáculos para tener una buena imagen física. Sin embargo, en los procesos de transformación de Dios debemos comprender que no estamos solos en esto, ya que contamos con el entrenador de entrenadores y ha prometido estar con nosotros en todo tiempo: *«Cuando pases por aguas profundas, yo estaré contigo. Cuando pases por ríos de dificultad, no te ahogarás. Cuando pases por el fuego de la opresión, no te quemarás; las llamas no te consumirán... No tengas miedo, porque yo estoy contigo. Te reuniré a ti y a tus hijos del oriente y del occidente» (Isaías 43:2-5).*

La voluntad de Dios nos prepara para qué la obra en nosotros sea perfecta y completa. *«Amados hermanos, cuando tengan que enfrentar cualquier tipo de problemas, considérenlo como un tiempo para alegrarse mucho, porque saben que siempre que se pone a prueba la fe, la constancia tiene una oportunidad para desarrollarse. Así que dejen que crezca, pues una vez que su constancia se haya desarrollado plenamente, serán perfectos y completos, y no les faltará nada» (Santiago 1:2-4).* David, un hombre conforme al corazón de Dios, enfrentó desiertos en su vida y aprendió que hacer la voluntad de Dios era agradable. En medio de la persecución de su propio hijo Absalón, cultivó la paciencia y pudo ver la mano de Dios obrar en su vida.

Amar a Dios duele, pero es reconfortante

Ya lo imagino a usted diciendo ¿Como así varón? ¿Qué amar a Dios duele?, pero antes de reprenderme permítame explicarle porque amar a Dios duele. Humanamente hablando, podríamos decir que "duele" porque para poder alinearnos a la voluntad de Dios debemos someter nuestros cuerpos en sacrificio vivo y santo. Romanos 12:1 dice que esa es la verdadera forma de adorarlo y que esta clase de sacrificio es lo que a Él le agrada. Es decir, que al entregar nuestras vidas para amar a Dios debemos de sacrificar nuestra carne, renunciando a las conductas y las costumbres del mundo.

Permítame hacerle la siguiente pregunta ¿Usted ama a Dios? Estoy seguro de que sé muy bien su respuesta, sin embargo, decir que amamos a Dios es algo que es fácil de decir, pero difícil de poner en práctica. Amar es un sentimiento intenso del ser humano que, partiendo de su propia insuficiencia, necesita buscar el encuentro y unión con otro ser. Muchas veces hacemos que esta insuficiencia no sea completamente llena por Dios, sino que permitimos que algunos placeres del mundo sean los que llenen de manera momentánea el vacío de nuestro corazón.

Siempre decimos que amamos a Dios cuando las cosas están bien o cuando hemos recibido alguna bendición, sin embargo, cuando no todo está bien, podríamos hasta dudar de ese amor. ¿Podría un Dios de amor permitir que algo

En ocasiones, es necesario neutralizar tu mente ante la situación que estás viendo y fijar solamente tu mirada en lo que Dios te ha prometido.

«Pues vivimos por lo que creemos y no por lo que vemos» (2 Corintios 5:7).

malo nos ocurra? Claro que no, pero desde nuestro punto de vista muchas cosas de las que Dios permite en nuestras vidas puede que no tengan sentido para nosotros. Muy a menudo decimos que Dios es bueno, pero ¿realmente decimos que Él es bueno cuando las cosas van mal? Aunque no entendamos lo que nos pasa ahora, Él sigue siendo bueno.

Quiero compartir con ustedes un verso bíblico que ha sido parte de mí durante muchos años, el verso dice *«Y sabemos que A LOS QUE AMAN A DIOS, todas las cosas les ayudan a bien, esto es, a los que conforme a su propósito son llamados»* (Romanos 8:28 RVR1960). Si realmente amamos a Dios, podemos estar seguros de que toda circunstancia que podamos atravesar en nuestras vidas, Dios es capaz de hacer que al final TODO OBRE PARA BIEN. Antes de decir amén a esto, sería bueno resaltar que este verso ha sido malinterpretado en muchas ocasiones al entender que se refiere «a todo lo que nosotros consideramos que es bueno para nosotros». Sin embargo, se refiere a lo que Dios considera que es bueno para los que *«CONFORME A SU PROPÓSITO son llamados»*. Así que, olvídese del Mustang que insistentemente le está pidiendo a Dios en oración.

Cuando el amor a Dios nos define, entonces debemos estar confiados que todo lo que pasa en nuestra vida, Dios es capaz de hacer que todo obre a nuestro favor. Sin embargo, este no es el motivo principal de amar a Dios, sino parte de las bendiciones que se añaden. Los que realmente aman a Dios le buscan por lo que Él es, no por lo que nos puede dar. Es decir, que amar a Dios más que un sentimiento es una forma de adorarle. Juan 4:23 dice *«Se acerca el tiempo —de hecho, ya ha llegado— cuando los verdaderos adoradores adorarán al Padre en espíritu y en verdad. El padre busca personas que lo adoren de esa manera».* Por tal razón, uno de los motivos principales por medio del cual Dios quiere llamar nuestra atención es para que aprendamos a amarlo y otorgarle el primer lugar en nuestras vidas.

Amar a Dios duele, pero contar con su favor de que en medio de mis dificultades, Él es capaz de hacer que todo obre para mi bien, es verdaderamente reconfortante.

Cuando la duda te visite
deja que las promesas
de Dios sean el faro que
alumbre tu fe

«Y si alguno de vosotros tiene falta de sabiduría, pídala a Dios, el cual da a todos abundantemente y sin reproche, y le será dada. Pero pida con fe, no dudando nada; porque el que duda es semejante a la onda del mar, que es arrastrada por el viento y echada de una parte a otra» (Santiago 1:5-6).

Dios no te librará de las
circunstancias, pero
promete estar contigo
en medio de ellas.

*«Pero el Señor estaba con José en la
cárcel y le mostró su fiel amor. El Señor
hizo que José fuera el preferido del
encargado de la cárcel» (Génesis 39:21).*

CAPITULO

Con todo o sin nada

Este título lo tomé de una canción del adorador Gilberto Peguero, la verdad es que responder a Dios cuando nos pregunta ¿Me amas?, podría ser un gran desafío para nosotros. En el capítulo anterior hablamos sobre lo que implica amar a Dios. Cuando amamos a Dios, lo hacemos con un corazón agradecido, por lo que debemos estar dispuestos a enfrentar cualquier situación, no por lo que recibimos de Él, sino por lo que Él es. Un buen ejemplo de esto es mencionar a Job que lo perdió todo y no culpó a Dios de su circunstancia, sino que continuó confiado en la bondad de Dios. Cuando Dios quiere llamar nuestra atención, es necesario que pasemos por procesos para llegar a alcanzar madurez y aumentar nuestra fe y que nuestra confianza no dependa de lo que tenemos, sino que con todo o sin nada le seguiremos amando igual.

¿Me amas?

Lo mismo preguntó Jesús a Pedro luego de que este le negara tres veces en su camino a la cruz. Como expresé anteriormente, resulta fácil expresar con nuestra boca que "amamos a Dios", pero Dios no está interesado en expresiones, sino que, el amor fluya de nuestro corazón. Jesús y sus discípulos, luego de compartir la cena de Pascua, se dirigieron al monte de los Olivos. Estando en el lugar, Jesús le dice a Pedro, *«Simón, Simón, Satanás ha pedido zarandear a cada uno de ustedes como si fueran trigo; pero yo he rogado en oración por ti, Simón, para que tu fe no falle, de modo que cuando te arrepientas y vuelvas a mí fortalezcas a tus hermanos»* (Lc 22:31–32). ¿No le resulta familiar esta declaración con la vida de Job? Jesús acababa de anunciar a sus discípulos que había llegado el momento de fortalecer y de poner a prueba su fe. Sin embargo, Pedro, con un carácter impulsivo, muy confiado de que amaba al Señor, le dijo *«Estoy dispuesto a ir a prisión contigo y aun a morir contigo»*, pero Jesús le respondió *«mañana por la mañana, antes de que cante el gallo, negarás tres veces que me conoces»*.

Ahora puedo asegurar que usted comprende completamente el título anterior "amar a Dios duele, pero es reconfortante". Quizás Pedro se sentía preparado para defender a Jesús, puesto que había recibido la revelación del padre de que Jesús era *«el Cristo el hijo de Dios viviente»* *(Mateo 16:16)* sin embargo, su fe todavía no había sido puesta a prueba. ¿Cuánto de nosotros decimos que amamos a Dios, pero nuestra fe aún no ha sido fortalecida? Le doy permiso en este momento para soltar este libro por unos segundos y levantar su mano derecha y escucharle decir "Yo".

No es nada fácil, para Pedro tampoco lo fue, sin embargo, lo que pasó después sirvió como plataforma para que la fe de Pedro sea fortalecida y no solamente la de él, sino que el mismo iba a ser el canal de bendición para fortalecer la fe de sus hermanos. Cuando Dios quiere llamar nuestra atención, permite que seamos llevados al desierto para que nuestra fe sea fortalecida. Por lo que cada dolor, cada lágrima, cada paso por el valle de la angustia te hará más fuerte y esto te dará la autoridad en el mundo espiritual para que tu testimonio sea de bendición para otros ¡Así que anímate! Si estás enfrentando una prueba, es porque tu testimonio ayudará a otros a levantarse en fe.

Pedro negó al maestro en tres ocasiones, cómo Jesús le había predicho. Este proceso confrontó a Pedro para revelarle su verdadera naturaleza de rebeldía e impulsividad. Sin embargo, en el encuentro con Jesús tras su resurrección, este último se dirige a Pedro con una pregunta significativa: «*¿Me amas?*» Es notable que la frecuencia con la que Jesús plantea esta pregunta coincide con las veces en que Pedro lo había negado anteriormente. Este proceso de cuestionamiento y reflexión desencadenó una profunda transformación (Metanoia) en Pedro, marcando su evolución de un estado impulsivo a convertirse en un apacentador de ovejas, revelando así una nueva dimensión de su relación con Jesús.

A lo largo del proceso, Satanás intenta derribarte; no obstante, Dios tiene el poder de convertir cada dificultad en el motor que producirá una versión renovada de ti. Es como el árbol en el proceso de poda: para garantizar una temporada fructífera, es necesario despojarlo de algunas ramas para fortalecerlo. Aunque no sea fácil, al igual que la mujer embarazada que olvida el dolor al ver a su hijo nacer, al final, agradecerás por las circunstancias que Dios permitió para formar en ti una vasija nueva. Recuerda siempre esto: «A través del dolor decidimos cambiar; por lo tanto, sin dolor no hay cambio».

Aunque la higuera no florezca

La verdadera identidad del cristiano se conoce por medio de la fe. Cuando vivimos por fe, estamos dispuestos a vivir por lo que creemos, no por lo que vemos *«Así que siempre vivimos en plena confianza, aunque sabemos que mientras vivamos en este cuerpo no estamos en el hogar celestial con el Señor. Pues vivimos por lo que creemos y no por lo que vemos»* *(2 Corintios 5:6-7).*

El amor de Dios es el motor que nos motiva a vivir sin importar lo que podamos ganar o perder. Muchas veces nuestro amor hacia Dios es condicional, es decir, inconscientemente condicionamos nuestro amor a Dios por lo bueno que Él ha hecho en nosotros. Sea realista y conteste estas preguntas honestamente ¿Qué pasa si Dios no nos da lo que queremos? ¿Le amaríamos de igual forma? Job 2:10 dice *«Sin embargo, Job contestó: «Hablas como una mujer necia. ¿Aceptaremos solo las cosas buenas que vienen de la mano de Dios y nunca lo malo? A pesar de todo, Job no dijo nada incorrecto».*

Cuando Dios busca llamar nuestra atención, su anhelo principal es que cultivemos un vínculo más profundo y significativo con Él. A través de esta conexión, Dios aspira a que nuestro amor hacia su divinidad evolucione hacia una expresión incondicional. Este llamado nos invita a trascender las limitaciones y condiciones, permitiendo que nuestro amor por Dios se arraigue en la aceptación plena y la entrega sin reservas. En este proceso, encontramos una oportunidad para nutrir una conexión espiritual más rica y para experimentar la plenitud de un amor que va más allá de las circunstancias y desafíos de la vida.

Cuando nuestro amor hacia Dios alcanza la incondicionalidad, dejamos de centrarnos exclusivamente en las bendiciones y nos enfocamos en su esencia. Es como expresarle: «Deseo ciertas cosas, pero si reconoces que no son lo mejor para mí, está bien. Aun así, te amo». Este cambio de perspectiva refleja una entrega más profunda, donde nuestro amor no está condicionado por lo que recibimos, sino por el reconocimiento de la perfección y benevolencia inherentes a la esencia de Dios.

El libro de Habacuc nos ofrece lecciones fundamentales sobre la fe, la esperanza y la confianza en Dios. En un contexto en el que el pueblo de Israel se encontraba inmerso en el pecado y la desobediencia, el profeta Habacuc tuvo que expresar su preocupación ante la aparente indiferencia de

Dios hacia la situación en Israel. Sin embargo, la narrativa revela que Dios no pasa por alto nuestras acciones y ya tenía un plan establecido para disciplinar a su pueblo debido a su rebelión. Este plan, aunque sorprendente para el profeta, se materializó a través de la invasión babilónica. Sin embargo, la intención de Dios nunca ha sido causar sufrimiento a sus hijos, sino que, en el caso del pueblo en pecado, deben asumir las consecuencias de sus actos.

Dios revela a Habacuc su plan para la restauración de Israel, aunque la respuesta no era la esperada por el profeta. A menudo, Dios nos permite entrar en procesos, ya sea como consecuencia de nuestras acciones o prepararnos para llevarnos a una nueva temporada, pero siempre con un propósito de restauración. Aunque Dios reveló la conquista babilónica a Habacuc, el plan incluía la restauración final del pueblo y el castigo de los babilonios por las aflicciones causadas. Dios le mostró a Habacuc la herramienta fundamental para sobrellevar este tiempo de invasión: «*El justo por su fe vivirá*». Atravesar momentos de prueba es difícil, pero la fe en la promesa de Dios a nuestro favor es lo que nos mantiene vivos en el camino. Algunas veces tendrás que enfrentar situaciones donde la razón humana te dice que es imposible continuar. Sin embargo, el camino que te lleva a las manos de Dios de lo imposible, obligatoriamente, debe caminarse por medio de la fe.

Cada proceso y prueba permitido por Dios en nuestras vidas tiene el propósito de enseñarnos a depender más de Él. Habacuc entendió que la invasión babilónica era parte del proceso para restaurar a su pueblo, fortaleciendo su fe en un Dios fiel. Aunque experimentó temor y estremecimiento, mantuvo su esperanza en el Señor, incluso en medio de la adversidad. La cita de Habacuc 3:17-18 refleja la confianza del profeta en Dios, destacando su disposición a regocijarse en el Señor, incluso cuando las circunstancias eran adversas. *«Aunque la higuera no florezca, ni en las vides haya frutos, aunque falte el producto del olivo, y los labrados no den mantenimiento, y las ovejas sean quitadas de la majada, y no haya vacas en los corrales; con todo, yo me alegraré en Jehová, y me gozaré en el Dios de mí salvación».*

Depender totalmente de Dios implica despojarnos de nuestros propios deseos y decisiones. Aunque implique perderlo todo, descubriremos que la verdadera riqueza reside en la presencia de Dios y la esencia de nuestro ser.

«A veces es bueno perder para poder ganar»

Creer sin entender

«Porque mis pensamientos no son vuestros pensamientos, ni vuestros caminos mis caminos, dijo Jehová» (Isaías 55:8)

Una de las cosas más difícil es creer en algo que para nosotros resulta imposible de realizar. Sería mucho más fácil si Dios nos comunicara primero los planes que Él tiene para nosotros, pero la realidad no es así. Dios siempre nos da la revelación de la promesa, pero nunca nos revela lo que pasaremos para obtenerla. Ninguno de los personajes en la Biblia alcanzaron la promesa sin antes pasar por temporadas desérticas en sus vidas. Uno de esos casos es José, mejor llamado el soñador. Dios le reveló a José su destino profético, pero nunca le reveló la forma en que llegaría hasta allí. Bastaría solamente que José le contara el sueño a sus hermanos para que inmediatamente iniciara su desierto. La vida de José paso de ser "el soñador" a ser echado en una cisterna, ser vendido como esclavo, sirviente de Potifar y por último algunos años en la cárcel. Solo pasaron 13 años para que viera cumplida su promesa. ¿Cree usted que José soñó con todo esto? Le puedo asegurar con firmeza, que si Dios hubiese revelado todo lo que tendría que pasar, José, al igual que usted y yo le hubiese dicho a Dios, «no, está bien, yo paso». En cambio, hay un detalle que la historia de José nos muestra, en todos los desiertos que paso antes de ser el segundo al mando en Egipto, dice la palabra *«Y Dios estaba con José»*. Este último detalle le cambia el sentido a todo el proceso. Es cierto que Dios no nos muestra lo que vamos a pasar, pero sí nos promete estar con nosotros en medio de las pruebas y dificultades que enfrentaremos para llegar al cumplimiento del propósito.

Sería más bien como si un alfarero comunicará al barro que, para convertirse en una vasija, necesita someterse a un proceso de transformación que implica ser moldeado, torneado y horneado. Sin embargo, la realidad es diferente, y una de las preguntas más comunes que le formulamos a Dios en medio de un proceso es: ¿Por qué me está pasando esto a mí? Es normal que no podamos entender los designios de Dios, ya que sus pensamientos son más elevados que los nuestros. Dios tiene la capacidad de conocer todo de nosotros, puesto que no está limitado por el tiempo. La Biblia afirma que Él es el alfa y el omega, el principio y el fin. Por eso, nos sentimos frustrados al intentar comprender su perspectiva. Creer que Dios cumplirá su promesa, incluso cuando las circunstancias parezcan contrarias, es una tarea desafiante y solo puede lograrse a través de la fe en que, a pesar de que todo parezca imposible, Dios cumplirá su promesa.

Hebreos 11, una cita bíblica muy conocida, nos proporciona una ilustración de los desafíos que enfrentamos al decidir creer en Dios, sin importar las circunstancias. *«La fe demuestra la realidad de lo que esperamos; es la evidencia de las cosas que no podemos ver» (Hebreos 11:1).* La fe es la herramienta que Dios nos proporciona para que aquello que no podemos entender con nuestra razón se haga realidad en nuestro interior mediante ella. Aquello que se materializa en nuestra mente se convierte en evidencia de que, aunque no podamos ver físicamente lo que Dios dijo, podemos estar convencidos de que se cumplirá.

En la actualidad son muy pocos los que están interesados en que su fe sea fortalecida; muchos han dejado de creer en milagros e incluso han perdido la fe en el Dios de lo imposible. Por esta razón, cuando Dios busca llamar nuestra atención, también está interesado en que nuestra fe crezca a través del proceso. En momentos en los que, después de agotar todas las posibilidades humanas para salir de la desesperación, recurrimos a la herramienta de la fe, la cual se convierte en nuestra única esperanza. Sin embargo, Dios desea que nuestra primera opción al enfrentar lo que no entendemos siempre sea la fe en que Él lo hará.

Buscando la presencia de Dios

Puede que percibas que tu vida cristiana carece de sentido hasta que experimentas estar en la presencia de Dios. A lo largo de los años, muchos hemos sido testigos del poder de Dios en acción, pero pocos han experimentado verdaderamente la plenitud de estar en la presencia de Dios. Hace algún tiempo, escuché al pastor Moisés Bell abordar la distinción entre el poder y la presencia de Dios. Este tema captó mi atención y me llevó a reflexionar sobre cómo muchos de nosotros fuimos doctrinados y discipulados para comprender el poder de Dios, pero no para relacionarnos con su presencia. Si bien el poder de Dios puede manifestarse en cualquier persona, la presencia de Dios está reservada para aquellos que lo buscan en la intimidad. *«En esos días, cuando oren, los escucharé. Si me buscan de todo corazón, podrán encontrarme. Sí, me encontrarán —dice el Señor—»* (Jeremías 29:12-14ª).

El poder de Dios se manifiesta para glorificar su nombre, no obstante, es la presencia de Dios la que transforma los corazones. Un ejemplo palpable se encuentra en el libro de Éxodo, donde el poder de Dios abrió el mar Rojo para que el pueblo de Israel cruzara al otro lado. Sin embargo, Moisés experimentó un encuentro cara a cara con Dios, comprendiendo así la importancia de contar con la presencia de Dios.

En un momento en el desierto, Dios, aunque estaba enojado por la rebeldía del pueblo de Israel, prometió entregarles la tierra donde fluye leche y miel. No obstante, especificó que enviaría un ángel para expulsar a los habitantes, pero su presencia no los acompañaría (Éxodo 33:2). Moisés entendió la diferencia crucial entre ir con el poder de Dios e ir con su presencia, y refutó ante Dios: *«Si tu presencia no ha de ir conmigo, no nos saques de aquí» (Éxodo 33:14)*. En medio del desierto, a menudo experimentamos frustración al no ver manifestarse el poder de Dios en nuestras vidas. Esta frustración nos impide reconocer que la presencia de Dios ha permanecido con nosotros en todo momento. Moisés comprendía que una tierra prometida sin la presencia de Dios carecería de significado, por lo que luego Dios respondió: *«Mi presencia irá contigo, y te daré descanso»*.

Usualmente, muchas personas conocen el poder de Dios por medio de proezas y milagros, pero pocos muestran interés en conocer al Dios que realiza dichas maravillas. Es comparable a la multitud que seguía a Jesús por los panes y los peces; sin embargo, pocos estaban dispuestos a pagar el precio de seguirle.

Habiendo discutido previamente sobre el enfoque, una vez inmersos en un proceso, es crucial aprender a buscar la presencia de Dios como nuestro único recurso. Aunque intentemos salir del desierto con nuestras propias fuerzas, la conclusión inevitable será frustración y desánimo. Mediante Su presencia, Dios puede abrir caminos en el desierto y ríos en la soledad (Isaías 43:19). Atravesar un desierto sin la compañía de Dios es un camino de frustración y amargura, pero cuando su presencia nos acompaña en medio de las dificultades, las frustraciones se transforman en pruebas que fortalecen y maduran nuestra fe. Jesús declaró: *«Les he dicho todo esto para que en mí tengan paz. Aquí en el mundo tendrán muchas pruebas y tristezas; pero anímense, porque yo he vencido al mundo»* (Juan 16:33).

Es esencial destacar que, a través del poder de Dios, conocemos acerca de Él, pero mediante su presencia, desarrollamos una relación con Él. Moisés fue considerado amigo de Dios y disfrutó de una relación directa con Él; cada vez que entraba en el tabernáculo, salía con el rostro resplandeciente. La relación con la presencia de Dios cambia nuestro semblante de manera determinante para nuestras vidas.

Resulta lamentable conocer casos en los que quienes ministran en el altar no conocen ni están interesados en tener una relación con Dios. Todos desean tener dones, pero pocos muestran interés en conocer a aquel que otorga esos dones. La sociedad cristiana ha llegado a ser como un címbalo que retiñe, ya que estamos más enfocados en demostrar poder que en tener una relación con la fuente de ese poder.

Quizás te preguntes: ¿Cómo puede una persona desarrollar sus dones sin conocer a Jesús? Es posible, acaso, usted olvida el pasaje en Mateo 7:21-23, que dice: *«No todo el que me llama: '¡Señor, Señor!' entrará en el reino del cielo. Solo entrarán aquellos que verdaderamente hacen la voluntad de mi Padre que está en el cielo. El día del juicio, muchos me dirán: '¡Señor, Señor! PROFETIZAMOS en tu nombre, EXPULSAMOS demonios en tu nombre e hicimos muchos MILAGROS en tu nombre'. Pero yo les responderé: 'NUNCA LOS CONOCÍ. Aléjense de mí, ustedes, que violan las leyes de Dios'».*

¡Muchas sorpresas habrá cuando llegue ese día! ¿Sigo o paro?

Una persona puede fluir en el movimiento profético y obrar milagros, pero eso no implica necesariamente que tenga una relación genuina con Dios. Esta situación se observa con frecuencia, ya que muchas personas miden la capacidad de un profeta o ministro por el poder que manifiestan, en lugar de evaluar la calidad de su relación con Dios. Cuando aprendemos a movernos mediante nuestra relación con Dios, comprendemos que la presencia de Dios trae transformación a nuestras vidas, revelando incluso los secretos más ocultos. Por tanto, es esencial aprender que el poder de Dios puede manifestarse en momentos específicos, pero la presencia de Dios permanece con nosotros para siempre.

Notas

Si amas a Dios, puedes
asegurar que, aunque
todo parezca oscuro en
tu vida, Él es capaz de
transformar esta
historia en un final feliz.

«Y sabemos que Dios hace que todas las
cosas cooperen para el bien de quienes lo
aman y son llamados según el propósito
que él tiene para ellos» (Romanos 8:28).

CAPITULO

Un día a la vez

En medio del desierto, lo más difícil de enfrentar es la incertidumbre sobre el futuro. ¿Qué sucederá ahora? Cuando nuestro mundo se detiene y perdemos el control, la ansiedad sobre lo que vendrá se apodera de nosotros. Una estrategia de Satanás es convertir esa incertidumbre en tormentos, enviando dardos a nuestra mente que siembren dudas sobre si realmente saldremos de esta situación.

Las falsas expectativas son una de las causas fundamentales de la frustración. Como mencioné anteriormente, nadie incluye en sus peticiones de oración el deseo de ser sometido a una prueba. Siempre sostengo que las pruebas no piden permiso para entrar en nuestras vidas; llegan de manera imprevista; son similares a las suegras, llegan sin avisar y demandando atención.

En medio de las pruebas, es común que comencemos a construir expectativas sobre lo que sucederá en el futuro. Sin embargo, Satanás se aprovecha de esta situación para enviar falsos argumentos a nuestra mente y así inducirnos a su terreno mediante el desánimo. Una expectativa es una posibilidad "razonable" de que algo ocurra. Cuando esas expectativas que creamos en nuestra mente por alguna razón no se cumplen, nos sentimos frustrados. Debemos tener en cuenta que nuestras expectativas siempre están vinculadas a nuestra razón, pero los pensamientos de Dios son más elevados que los nuestros (Isaías 55:8). Por lo tanto, nuestras expectativas deben arraigarse en la promesa que Dios ha establecido en nosotros: «*Aunque parezca que se demora en llegar, espera con paciencia, porque sin lugar a dudas sucederá. No se tardará*» *(Habacuc 2:3).*

Es esencial reconocer que si Dios tiene el control de nuestras vidas, debemos adoptar la perspectiva de que el pasado ya quedó atrás y no podemos hacer nada para cambiarlo. Respecto al futuro, no tenemos control sobre él, así que lo dejamos en manos de Dios. Solo nos queda vivir un día a la vez. «*No, amados hermanos, no lo he logrado, pero me concentro únicamente en esto: olvido el pasado y fijo la mirada en lo que tengo por delante*» *(Filipenses 3:13).*

Al abrazar esta perspectiva, reconocemos que Dios tiene el control absoluto de nuestras vidas y que nuestras expectativas deben descansar en su soberanía. En lugar de permitir el desánimo o la frustración ante las incertidumbres, optamos por una confianza inquebrantable en la promesa divina y vivimos cada día confiados en que, a pesar de las apariencias, su plan perfecto se cumplirá en nuestras vidas.

Aprendiendo a ser pacientes

He escuchado a muchas personas expresar la siguiente frase: *«Yo no le pido a Dios paciencia, porque la paciencia trae pruebas».* Sin embargo, esta afirmación es totalmente contraria a la realidad. Cuando nuestra fe es puesta a prueba, a través de la resistencia y la persistencia, podemos cultivar la paciencia en nuestras vidas al aprender a depositar el control de nuestras vidas en manos de Dios.

En el desierto es donde aprendemos a depender más de Dios, y es allí donde nos damos cuenta de que Él es el único que permanece a nuestro lado. A lo largo de toda nuestra vida, es posible que hayamos dependido de diversas cosas o personas, pero en medio del proceso, aprendemos que el único que se mantiene fiel con nosotros es Dios, y esto fortalece nuestro amor hacia Él.

Una de las características esenciales del amor es LA PACIENCIA. Probablemente, tú que estás leyendo este libro te encuentras en una situación de desesperanza e intranquilidad. Permíteme decirte que cuando atravesamos momentos difíciles, siempre anhelamos que Dios resuelva nuestros problemas de inmediato, como si tuviésemos la lámpara de Aladino. Sin embargo, Dios está muy interesado en forjar la paciencia en nuestro carácter. Si realmente amamos a Dios, debemos depositar sobre Él toda nuestra ansiedad y confiar pacientemente en que, aunque no sepamos cuándo ni cómo, llegará el momento en que veamos la mano de Dios obrar en nuestra circunstancia.

Es probable que hayas perdido tu empleo, te encuentres en un estado de salud delicado, o hayas experimentado la pérdida de tu familia, entre otras circunstancias. Quiero decirte que lo mejor que puede ocurrir en tu vida es esperar con paciencia, ya que tu historia, en las manos de Dios, siempre tendrá un final feliz.

¡Salmo 40 para usted!

Nunca imaginé que la expresión «¡Salmo 40 para usted!», se convertiría en un subtítulo de mi libro, así que permítame explicarle el contexto de esta frase. Como abogado de inmigración, he tenido el privilegio de conocer a muchas personas a través de consultas en mi oficina. Durante estas interacciones, he tenido el honor de encontrarme con individuos que poseen un alto grado de paciencia, pero también he conocido a algunos que, honestamente, parecen haber llegado tarde el día que Dios distribuyó paciencia. Aquellos que llevan un proceso de inmigración deben ser pacientes, ya que estos procedimientos pueden llevar más tiempo del estimado, generando así frustración en los solicitantes. Diariamente, me enfrento a la misma pregunta: «Licenciado, ¿cuánto tiempo falta para mi cita consular?» Como mencioné anteriormente, responder a esta pregunta en temas de inmigración es incierto, especialmente después de la pandemia. Una de las expresiones que suelo decirles a las personas es: «¡Salmo 40 para usted!».

Si usted es una de las personas que buscó una Biblia para conocer el contenido del Salmo 40, no se preocupe, aquí le proporciono el pasaje principal que exploraremos en esta parte del libro: «*Pacientemente esperé a Jehová, y se inclinó a mí, y oyó mi clamor*» (*Salmo 40:1*).

Como discutimos anteriormente, la paciencia no es algo que solemos incluir en nuestras peticiones a Dios. Sin embargo, olvidamos que la paciencia es parte del fruto del Espíritu, por lo que adquirirla no es una opción, sino una obligación si queremos que Dios cumpla su voluntad en nosotros.

La paciencia es una virtud que implica soportar y resistir sin quejarnos frente a sucesos que no son favorables para nuestro bienestar. La etimología de esta palabra proviene del latín "pati", que significa "sufrir". Por lo tanto, aquellos que son pacientes tienen la capacidad de soportar en silencio las adversidades sin lamentarse de la situación. Entiendo que, al leer esta definición, pueden haber surgido diversas sensaciones emocionales en su interior, quizás preguntándose: «¿En serio? ¿Tengo que sufrir para salir de esto?» Antes de cerrar este libro y tirarlo a un lado, permítame hacerle una pregunta: ¿No fueron esos momentos de sufrimiento los que lo acercaron más a Dios? ¿No fueron esos tragos amargos los que lo motivaron a orar como lo hace ahora? Dios nunca ha deseado que sus hijos sufran, pero el sufrimiento a menudo lleva consigo un mensaje que puede cambiar el rumbo de nuestras vidas.

El evangelista Billy Graham expresó: «El hombre dijo: 'No te necesito, Dios. Puedo construir mi mundo sin ti'. Dios dijo: 'Si tomas esa decisión, sufrirás y morirás'. El hombre tomó esa decisión y ha estado sufriendo desde entonces». Sin lugar a dudas, el sufrimiento se ha convertido en parte de nuestra naturaleza carnal, y no podemos escapar de él. El sufrimiento que conlleva la paciencia produce esperanza. Fuimos creados para ser pacientes, pero nuestra naturaleza pecaminosa nos alejó de nuestro diseño original. Desde entonces, nos hemos acostumbrado a obtener las cosas a nuestro modo sin necesidad de ser pacientes y esperar. Por esta razón, ser paciente duele; es como si nos arrancaran un pedazo de nosotros y tuviéramos que soportar el dolor en silencio, mientras ofrecemos nuestra mejor sonrisa al mundo. Algunos podrían preguntar: «¿No es esto hipocresía? ¿Cómo puedo sonreír al mundo mientras estoy muriendo por dentro?» No, no es hipocresía; se llama ESPERANZA. Mientras mantengamos la esperanza en nuestro interior, estaremos convencidos de que, aunque las circunstancias sean difíciles, Dios hará algo, aunque no sepamos ni cómo, ni cuando.

El salmista David comprendió este secreto cuando escribió el Salmo 40 mientras era perseguido por su propio hijo Absalón.

Imagínese a un rey que tuvo que huir de su reino porque su propio hijo lo persigue para matarlo y apoderarse del trono. Sería frustrante para cualquier persona saber que uno de sus hijos intenta matarlo. Sin embargo, David, en el desierto, aprendió que la paciencia era una de las llaves esenciales para que Dios inclinara su oído a su clamor. Ser paciente no es fácil, pero puedo asegurarle que las consecuencias son favorables para nuestras vidas. Aunque implique sufrimiento, Dios, como buen padre, está interesado en que seamos pacientes y esperemos en Él.

Dios define mi futuro

En medio de uno de mis desiertos más desafiantes, experimenté una reveladora visión durante la oración donde me encontraba en una habitación con tres pantallas, cada una proyectando imágenes de mi vida. Estas pantallas representaban el tiempo y el espacio en mi existencia: la primera reflejaba el pasado, la segunda el presente y la tercera que representaba el futuro, curiosamente, permanecía apagada. En ese instante, recibí en el espíritu la confirmación de lo que Dios quería transmitirme: «YO SOY QUIEN DEFINE TU FUTURO».

Como seres humanos, llevamos consigo sueños y metas que anhelamos cumplir. Estas aspiraciones moldean nuestras expectativas sobre el futuro. Sin embargo, cuando entregamos a Dios nuestros sueños y metas, es como aventurarse en un terreno desconocido sin conocer la dirección, una experiencia que se define como CAMINAR POR FE. Cuando Abraham respondió al llamado de Dios, se vio obligado a abandonar la tierra de sus padres y dirigirse hacia un destino que solo Dios conocía. Este patriarca tuvo que transitar por la senda de la fe durante un extenso período sin ver completamente materializada parte de la promesa de Dios. A pesar de que Dios le aseguró que haría de él una nación grande, aún no le había concedido descendencia tangible en ese momento (Génesis 12:1-2).

Dejar a un lado nuestras expectativas y permitir que Dios tome el control de nuestro porvenir es una de las decisiones más sabias que podemos tomar. Si Dios ha llamado la atención de usted, es una señal de que algo no estaba en armonía en su vida. Reconocer esto implica soltar el timón de nuestras vidas y confiar en aquel que conoce el camino que debemos seguir y el destino al que debemos llegar. *«Puedes hacer todos los planes que quieras, pero el propósito del Señor prevalecerá» (Proverbios 19:21).*

¿Significa esto que debemos abandonar nuestros sueños y metas? Definitivamente no. Sin embargo, mientras Dios tenga el timón de nuestras vidas, debemos permitir que Él conduzca nuestra embarcación hacia un puerto seguro, donde podamos redefinir nuestra vida en consonancia con la nueva temporada que Dios tiene para nosotros, de acuerdo con Su propósito.

Confieso que durante mi desierto, soltar cada uno de mis sueños y planes fue un desafío, pero al aprender a hacerlo, me di cuenta de que mis propias aspiraciones no se comparaban con los sueños y planes que Dios tenía para mí. Sin duda, dejar que Él defina mi futuro ha sido una de las mejores decisiones de mi vida.

El tiempo de Dios posee sus misterios, pero no nos corresponde entender, sino confiar. Mientras nuestro tiempo se precipita, el suyo se caracteriza por la perfección. Esperar en Él puede ser la opción más difícil, pero Dios es el dueño del tiempo y, como tal, determina nuestro presente y escribe nuestro futuro. Si aprendemos a esperar en Él, JAMÁS SEREMOS DECEPCIONADOS.

Aunque sientas que
Dios te ha abandonado,
recuerda que Él tiene el
control de cada detalle
de tu vida.

«Cuando pases por aguas profundas, yo estaré contigo. Cuando pases por ríos de dificultad, no te ahogarás. Cuando pases por el fuego de la opresión, no te quemarás; las llamas no te consumirán»
(Isaías 43:2).

CAPITULO

Levántate y sigue adelante

Previamente, habíamos mencionado que ceder el control de nuestro futuro a Dios implica dejar de lado nuestros propios sueños y metas. Cuando Dios busca captar nuestra atención, es crucial que nos centremos en el presente: *«¿Qué haré ahora?»*, debe ser la interrogante que envuelva nuestra mente cuando nos encontramos sin recursos aparentes. No obstante, nuestra prioridad primordial es levantarnos y avanzar.

El mejor escenario
para descubrir los dones

La Palabra de Dios nos enseña que los dones son repartidos por el Espíritu Santo, y *«sólo él decide qué don cada uno debe tener» (1 Corintios 12:11)*. No obstante, el apóstol Pablo también nos exhorta a desear los dones espirituales, lo que implica que a menudo pedimos a Dios dones que Él ya ha depositado en nosotros. Para ilustrar, algunas personas oran fervientemente para recibir el don de la profecía, sin percatarse de que este don ya está presente en sus vidas; simplemente necesitan la valentía de ejercerlo. La mayoría de las personas sentadas en la congregación poseen dones que desconocen, solo requieren el escenario adecuado para desarrollarlos.

Un escenario propicio para descubrir nuestros dones es enfrentar pruebas o dificultades, lo que comúnmente denominamos desierto. Cuando una prueba inesperada golpea nuestras vidas, nos enfrentamos a dos opciones: resolverla a nuestra manera o correr a la presencia de Dios y entregarle el control de nuestra vida (espero que usted haya elegido la segunda opción, si no es así, le puedo garantizar que saldrá frustrado en el intento).

Aquellos que optan por buscar la presencia de Dios en medio de una prueba descubren un escenario donde pueden ver lo que Dios ha depositado en ellos. Algunos se preguntan: «¿Por qué tengo que enfrentar una prueba para descubrir mis dones?» Aunque pueda parecer desafiante, permítame explicarlo mediante la siguiente ilustración: una persona que aspira a ser piloto de avión debe practicar en un simulador de vuelo para familiarizarse con los controles, pero también necesita acumular horas de vuelo real para obtener la licencia de piloto. Poseer experiencia en el simulador no lo convierte en piloto. ¿Se aventuraría a alquilar una avioneta para dar un paseo con su familia basándose únicamente en la experiencia del simulador? Seguramente, ni su pareja se subiría al avión con usted, a pesar de haber firmado el acuerdo matrimonial de «hasta que la muerte nos separe». De manera similar, conocer la teoría sobre los dones es insuficiente si no se practican; de lo contrario, seremos como címbalo que retiñe. Algunos pueden no saber cómo ejercer sus dones o tener miedo de hacerlo, y es en el desierto donde muchos descubren sus dones.

Si actualmente está atravesando un proceso de prueba, le animo a alegrarse, ya que ha ingresado a un campo de entrenamiento donde evidenciará con sus propios ojos lo que Dios ha depositado en usted.

El dolor provoca crecimiento espiritual

Uno de los aspectos más cruciales que debe seguir un deportista para destacarse en su disciplina es la resistencia. Esta capacidad física permite a una persona llevar a cabo una actividad o esfuerzo de manera sostenida en el tiempo. A diario, el deportista trabaja para mejorar su capacidad de resistencia, incluso llegando al punto de experimentar dolor físico.

Desde mi adolescencia, siempre me atrajo el deporte. Sin embargo, al llegar a la adultez, mi interés se limitó a «solo lo observo de lejos». Aunque tenía la iniciativa de unirme a algún deporte, solía abandonarlo después de los primeros días debido a la falta de resistencia. Este patrón se repitió con el baloncesto, la natación, el tenis e incluso el golf. Dado mi carácter impulsivo, siempre tenía el equipo deportivo correspondiente antes de comenzar a entrenar, por lo que en mi casa acumulé una variedad de artículos deportivos que solo recuerdan intentos fallidos.

Hace un tiempo decidí retomar el tenis (sí, ya sé lo que está pensando, pero créame, esta vez lo tomé en serio). Las primeras prácticas fueron una experiencia desafiante. En ese momento no sabía si moriría de un ataque al corazón o de un colapso pulmonar. Durante esa travesía pensé si debí haber escrito antes de jugar: «*He peleado la buena batalla, he acabado la carrera...*». Sin embargo, después de varias semanas practicando, mi corazón y mis pulmones se lograron poner de acuerdo, y entendí que el crecimiento en una disciplina a menudo implica pasar por un proceso de dolor.

Este mismo principio se aplica a nuestra vida espiritual. Es necesario atravesar pruebas y dificultades para experimentar un crecimiento espiritual significativo. Estas situaciones difíciles se convierten en nuestro gimnasio espiritual, donde desarrollamos la resistencia necesaria para madurar espiritualmente. No es que Dios disfrute viéndonos sufrir, sino que entiende que este proceso es esencial para nuestro crecimiento. Aquellos que tienen un llamado deben alcanzar la madurez para adquirir las herramientas necesarias y cumplir el propósito de Dios en sus vidas. Sé que puede parecer difícil en el momento, pero al final del desierto, comprenderá que era un paso necesario.

Marcados con un propósito

Seguramente has escuchado la frase «Dios tiene un propósito contigo». De hecho, todos tenemos un propósito en este mundo; desde antes de ser concebidos, Dios ya nos había designado un propósito. La palabra "propósito" proviene del latín "propositum", etimológicamente conformado por "pro" (adelante) y "ponere" (poner). Cuando hablamos de un propósito, nos referimos a aquello que se pone por delante o se planifica para el futuro.

Dios nos ha marcado para que cumplamos un propósito de acuerdo con su voluntad. Sin embargo, a menudo nos encargamos de torcerlo un poco para inclinarlo hacia nuestra propia voluntad. Cada persona tiene la libertad de elegir entre el bien y el mal, entre cumplir la voluntad de Dios o la suya propia. No obstante, Dios nos ama tanto que, como ovejas descarriadas (fuera del propósito), permite que nuestras experiencias nos encaminen de nuevo hacia el propósito que Él ha designado para nosotros.

La Biblia, en Isaías 43:7, establece que Dios nos creó con el único propósito de que su nombre sea glorificado. *«Traigan a todo el que me reconoce como su Dios, porque yo los he*

creado para mi gloria. Fui yo quien los formé». (Isaías 43:7)
Es importante que sepas que si Dios ha decidido llamar tu atención, es porque está interesado en que cumplas el propósito que él ha destinado para tu vida.

Reconoce las temporadas

Una de las características esenciales que podemos percibir acerca de Dios es su deleite por el orden. En el libro de Génesis, observamos la mano de Dios obrar de manera organizada en el inicio de nuestra existencia. Aunque Dios pudo haber creado nuestro origen en un instante, optó por tomarse seis días para completar su obra y, el séptimo día, descansó. Este acto puede indicarnos que estamos sujetos a temporadas que pueden cambiar en nuestras vidas. De hecho, nuestro mundo está sujeto a las estaciones del año, cada una con sus características esenciales. En primavera, experimentamos el brote de las flores; en verano, el calor; en otoño, la caída de las hojas, y en invierno, el frío. Salomón pudo apreciar estas temporadas y escribió en el libro de Eclesiastés 3:1: *«Hay una temporada para todo, un tiempo para cada actividad bajo el cielo».*

Cada actividad en nuestra vida está sujeta a temporadas, al igual que las estaciones del año. En algún momento, podemos vivir una vida feliz, pero también debemos entender que hay momentos para estar tristes. Nadie vive en un verano eterno; para que la naturaleza cumpla sus ciclos, es necesario que pase por diferentes estaciones. Cada vez que llega una nueva estación, nos preparamos con la vestimenta adecuada para resistirla. Es decir, nunca podemos enfrentar el invierno con ropa de verano. Por lo tanto, es necesario que nos adaptemos a la estación correspondiente. Lo mismo ocurre con nuestra vida: el desierto es el mensajero que nos anuncia que debemos prepararnos para la nueva temporada que Dios tiene para nosotros.

Si aprendemos a reconocer las temporadas de nuestras vidas, podemos evitar pasar demasiado tiempo en el desierto. Cuando Dios quiere llamar nuestra atención, debemos reconocer que lo que quedó atrás ya no volverá y que Dios nos está preparando para entrar en una nueva temporada. Reconocer la temporada en la que nos encontramos nos permitirá visualizar con mayor claridad hacia dónde Dios nos quiere llevar y qué lección desea que aprendamos en esa etapa de nuestra vida.

La única opción que tendrás es creer

El ser humano busca constantemente alternativas para controlar su vida, pero cuando enfrentamos pruebas, esas opciones a menudo se ven reducidas. Imagina a Moisés, huyendo del faraón, atrapado entre el mar Rojo y el ejército egipcio. El pueblo de Israel, presionándolo, le preguntaba por qué los había llevado al desierto (Éxodo 14:11). Aunque los planes de Dios no parecían dar resultados, Moisés clamó a Jehová. La respuesta de Dios fue sorprendente: *«¿Por qué clamas a mí?»* (Éxodo 14:15). Parecía decirle que ya le había proporcionado las herramientas para guiar a su pueblo, y la única opción para avanzar era creer.

En otra ocasión, llevaron a Jesús a un joven poseído por un espíritu maligno. Minutos antes, los discípulos no pudieron expulsar al demonio. Jesús, al cuestionar su fe, se interesó por el muchacho. El padre le pidió ayuda, y Jesús respondió: *«¿Cómo que si puedo? - TODO ES POSIBLE SI UNO CREE»* *(Marcos 9:23)*. Caminar en fe no es fácil, pero permitir que Dios guíe nuestro camino es una experiencia maravillosa. En problemas, muchas personas buscan opciones y, cuando fallan, recurren a Jesús. Este padre confrontó la fe de los discípulos y llevó a su hijo ante Jesús para encontrar libertad. El desafío común es ver la fe como una opción, cuando en realidad es la única que tenemos.

Cuando Lázaro llevaba cuatro días muerto, Jesús le dijo a Marta: *«No te dije que si crees verás la gloria de Dios» (Juan 11:40)*. Creer sin ver es para valientes, pero avanzar con la carga del pasado no es recomendable. A veces, necesitamos soltar las cargas del pasado, levantarnos y creer que Dios nos llevará a un mejor camino. Comenzar de nuevo puede parecer difícil, pero cuando Dios tiene el control, no reconstruye sobre lo destruido; Él construye algo nuevo. Puedes estar seguro de que, aunque la promesa tardare, SUCEDERÁ.

Cuando Dios mostró la visión a Habacuc, le dijo: «Puedes dar por hecho esta visión, pero no ocurrirá a tu tiempo, sino al mío. La fe en que mi palabra se cumplirá es la única herramienta que te permitirá mantener la esperanza». Aunque las pruebas puedan tentar a dudar de las promesas de Dios, la fe es lo que te mantiene vivo en los momentos más difíciles. ¡No pierdas la fe! ¡Levántate y sigue adelante!

Aunque el camino parezca oscuro, confía en que, por tu confianza en Dios, Él te guiará por el camino que debes tomar.

«Tus oídos lo escucharán. Detrás de ti, una voz dirá: «Este es el camino por el que debes ir», ya sea a la derecha o a la izquierda» (Isaías 30:21).

CAPITULO

Caminando
con Dios

Es importante reconocer que Dios no promete sacarnos de las dificultades, sino estar con nosotros en medio de ellas. A menudo, en tiempos de prueba, nuestra única petición es: *«¡Sácame de esta prueba, Señor!»* Sin embargo, caminar con Dios en medio de la prueba puede convertirse en la mejor temporada de tu vida, donde Dios transforma tus desafíos en un valioso lugar de entrenamiento.

Después de decidir levantarte y seguir caminando, debes comprender que una de las cosas que puedes perder en un proceso de prueba es tu identidad. Preguntas como «¿Por qué a mí?», o «¿Realmente Dios está conmigo?», surgen cuando todo parece oscuro. Satanás conoce nuestra vulnerabilidad y trata de aprovecharse para robar nuestra identidad.

Identidad como hijos

El libro de Efesios nos ofrece claridad sobre nuestra identidad como hijos de Dios. Antes de la creación del mundo, *«Dios nos amó y nos eligió en Cristo para que seamos santos e intachables a sus ojos» (Efesios 1:4).* Imagina que antes de existir, Dios ya tenía un plan diseñado para ti. No importa el tamaño de tu prueba; nunca perderás tu identidad como hijo, a menos que creas las mentiras de Satanás. Romanos afirma que nada ni nadie nos separará del amor de Dios, y debes reconocer siempre que, aunque camines en el valle de sombra de muerte, no temerás mal alguno porque Él estará contigo (Salmos 23:4).

No somos huérfanos; tenemos un Padre que se preocupa por nosotros. Aunque el camino haya sido difícil, debes confiar en que todo esto es necesario para dar paso a la nueva temporada que Dios tiene para ti.

Conocer a Dios

El desierto no es precisamente el destino que anhelamos alcanzar; sin embargo, es el lugar que Dios utiliza para revelarse. Resulta fascinante saber qué grandes personajes bíblicos conocieron a Dios en medio del desierto. Moisés tuvo su encuentro con Dios a los 40 años en ese inhóspito lugar. No podemos pasar por alto a Job, quien vivía consagrado a Dios, pero en medio de su desierto exclamó: *«Hasta ahora solo había oído de ti, pero ahora te he visto con mis propios ojos» (Job 42:5).* Aunque no sea atractivo para nosotros, es en medio del desierto donde la gloria de Dios se manifiesta a nuestro favor, incluso en medio de la adversidad.

Un aspecto peculiar de los procesos de prueba es que deben afrontarse en la soledad. Los procesos no pueden compartirse con tu mejor amigo o compadre. Si Dios permite que atravieses un desierto, prepárate para quedarte literalmente «solo», donde nadie te entenderá ni podrá consolarte. Sin embargo, es allí donde Dios se revela y nos muestra su amor. Job había oído hablar de Dios, pero perder sus bienes, hijos, salud y apoyo de su esposa creó el escenario para que Dios tuviera un encuentro cara a cara con él. Aunque los desiertos son áridos y silenciosos, resultan un ambiente esencial para escuchar claramente la voz de Dios que nos guía.

No puedo estar seguro de si, a partir de ahora, seguirás deseando pedirle a Dios que te muestre su gloria. Pero puedo asegurarte que es la experiencia más enriquecedora.

Ver que, a pesar de las circunstancias que estés atravesando, Dios te concede paz en medio de la tormenta es una vivencia invaluable. Por lo que es en el desierto donde nace la necesidad de conocerle aún más.

Caminando en un nuevo nivel

Todas las pruebas conducen a un nuevo nivel espiritual. Cada vez que caes y te levantas adquieres fortaleza. Esto te proporciona la experiencia para ayudar a otros en situaciones similares. Jesús predijo a Pedro que, después de negarlo tres veces, fortalecería a sus hermanos (Lucas 22:31-32). Al superar las pruebas, tu tarea es fortalecer a otros para glorificar el nombre de Dios. Los nuevos niveles no son para jactarse, sino para recordarnos que Dios camina con nosotros en medio de nuestras circunstancias.

La mano de Dios, ayuda y forma

Durante las pruebas, Dios nos fortalece en nuestras debilidades. Contamos con la ayuda de Dios en momentos difíciles, pero es fundamental entender que Dios utiliza esos momentos para formar nuestro carácter y perfeccionarnos, haciéndonos cada vez más semejantes a Cristo.

Al final del desierto, reconoceremos que ese tiempo fue una parada en el taller del Maestro. Si al leer este libro aún estás en el proceso y sientes que no tendrá fin, quiero decirte que sí, tiene un final y está más cerca de lo que piensas. No tienes que hacer nada para salir de ahí; si Dios camina contigo, solo necesitas DESCANSAR Y CONFIAR.

Notas

CAPITULO

Resiste y persiste

Uno de los personajes bíblicos que hemos utilizado como ilustración en temas anteriores es Job. La Biblia lo menciona como un hombre intachable, íntegro, temeroso de Dios y apartado del mal *(Job 1:1)*. Aparentemente, Job tenía su vida resuelta; era la persona más rica de la región y además gozaba de la protección de Dios *(Job 1:10)*. Sin embargo, todos conocemos que por la ambición de Satanás, Dios permitió que este sometiera a prueba la integridad y fidelidad de Job. Al hablar de Job, la primera palabra que nos llega a la mente es *«Prueba»*, la cual muchos de nosotros no quisiéramos pasar por una situación similar. Hay muchas personas que, al conocer la historia de Job, se podrían preguntar: *«Si Job era un hombre íntegro y temeroso de Dios, ¿por qué Dios permitió que fuera sometido a diversas pruebas?»* Además de que no podemos cuestionar el porqué Dios permite las cosas. Dios en su infinita misericordia sabe hasta qué punto podemos soportar las pruebas. *«Las tentaciones que enfrentan en su vida no son distintas de las que otros atraviesan. Y Dios es fiel; no permitirá que la tentación sea mayor de lo que puedan soportar. Cuando sean tentados, él les mostrará una salida, para que puedan resistir» (1 Corintios 10:13).*

Anteriormente, hemos descrito cuando Dios permite que entremos a un desierto en nuestra vida. Sin embargo, existe un tercer personaje que es el encargado de hacernos desmayar en medio del árido desierto, ese es Satanás. Él es quien tergiversa todo nuestro entorno para hacernos creer que el desierto es eterno y nunca terminará, por tal razón es considerado el padre de las mentiras (Juan 8:44). Satanás utilizará todas sus estrategias para derribarnos, por lo que es necesario conocer todas sus maquinaciones, para que no se aproveche de nosotros (2 Corintios 2:11).

Quizás aún usted se pregunte: ¿Por qué Dios permite todo esto? No olvidemos que antes de que Jesús iniciara su ministerio fue llevado por el Espíritu al desierto para ser tentado por el diablo. Por lo que, Dios permite las pruebas en nuestras vidas para poner en evidencia la capacidad de resistencia que Él ha depositado en nosotros. Quizás usted creería que Dios quedó sorprendido al ver que Job pudo soportar perder sus bienes, familias y salud. ¡Claro que no! Dios sabía lo que podía soportar Job, por tal razón lo permitió. Por lo que al Dios permitir las pruebas en nuestras vidas, queda en evidencia lo que Dios ha depositado en ti, es decir, que será evidente el material por el cual Dios te ha formado.

Enfrentando la Oposición

Como mencioné anteriormente, el trabajo de Satanás en medio de las pruebas es ser nuestro opositor. Sin embargo, ¡tengo una buena noticia! Cada una de las estrategias que Satanás utiliza contra nosotros, Dios las emplea para que podamos alcanzar sus propósitos. Por lo tanto, la victoria, aunque no se vea en medio del desierto, está asegurada en Cristo Jesús, porque por medio de Él somos más que vencedores. *«Claro que no, a pesar de todas estas cosas, nuestra victoria es absoluta por medio de Cristo, quien nos amó» (Romanos 8:37).*

En el desierto, Dios renueva nuestras fuerzas para que podamos enfrentar a nuestro enemigo. En esta posición, debemos combatir con nuestro enemigo mediante la guerra espiritual. Sin embargo, muchos de nosotros malinterpretamos el término «guerra espiritual», pensando que somos nosotros quienes debemos enfrentar directamente al enemigo. La verdadera oposición que podemos presentar ante Satanás es mediante LA RESISTENCIA. *«Así que humíllense delante de Dios. Resistan al diablo, y él huirá de ustedes» (Santiago 4:7).*

Además de vestirnos con toda la armadura de Dios (Efesios 6:10-18), el apóstol Santiago nos brinda la estrategia esencial para enfrentar la oposición de Satanás: *«someterse a Dios»* y *«resistir al diablo».* La escritura no dice «Peleen contra Satanás y arréglenselas como puedan». ¡No! Para enfrentar al enemigo, debemos someter nuestras vidas a la voluntad de Dios y resistir hasta que él huya de nosotros.

La resistencia es la capacidad de una persona para mantenerse firme en oposición a algo. Nuestra mayor guerra contra el enemigo será mantenernos firmes bajo la voluntad de Dios, incluso cuando las circunstancias externas indiquen lo contrario. Muchas personas, al hablar de «guerra espiritual», se centran en los ataques exteriores que el enemigo pueda causarnos. Sin embargo, los ataques más feroces que el enemigo puede utilizar contra nosotros son con nuestras propias convicciones. Recordemos que nuestro enemigo es el padre de las mentiras, por lo que intentará quebrantar nuestra resistencia sembrando falsos argumentos en nuestras mentes.

No importa lo que veas, no importa lo que escuches

Recuerdo mi infancia con un juguete similar a unos binoculares, que utilizaba una especie de rollos circulares con imágenes de caricaturas y paisajes. Ofrecían una amplia variedad de rollos con distintos panoramas; al apuntar hacia una fuente luminosa, podías ver la imagen a gran escala. Atravesar un desierto implica la incapacidad de ver hacia dónde vamos, afectando nuestros sentidos por las circunstancias. Satanás aprovecha esta situación para crear un espejismo que nos hace ver o escuchar cosas contrarias a las promesas de Dios. No obstante, debemos recordar que, sin importar lo que veamos o escuchemos opuesto a las promesas de Dios, nuestro deber es continuar caminando y confiar en que Él tiene el control de nuestras vidas.

Job nunca cuestionó la fidelidad de Dios; estaba convencido de que las circunstancias presentes eran permitidas por Dios por alguna razón. Sus amigos, en lugar de brindarle palabras de aliento, intentaron sumergirlo en la culpa. ¿Qué habría ocurrido si Job se hubiera dejado llevar por las circunstancias o las recomendaciones de sus amigos y esposa? Es probable que hubiera maldecido a Dios. Sin embargo, Job limitó sus percepciones y se aferró a la firme creencia de que Dios tenía un propósito detrás de todo. En medio de tu desierto, lo que ves u oyes de otras personas puede desenfocarte de ver la mano de Dios obrando en tu vida. Deberás afinar tus oídos para escuchar la voz de Dios, quien te guía por el camino que debes seguir. *«Tus oídos lo escucharán. Detrás de ti, una voz dirá: 'Este es el camino por el que debes ir', ya sea a la derecha o a la izquierda» (Isaías 30:21).*

Venciendo las pruebas

El ser humano cuenta con una capacidad innata que se llama instinto de supervivencia. Un instinto es una conducta que no es el resultado del aprendizaje y esta conducta tiene una gran relevancia para la supervivencia. Cuando estamos en peligro, nuestro cuerpo está preparado para activar las alarmas de subsistencia y hacemos cosas que probablemente fuera de peligro nunca haríamos.

Cuando era adolescente, mi padre tenía una finca que pasaba un río bastante cerca. Este río tenía una particularidad diferente a los demás ríos que he visitado, donde la parte más profunda estaba al inicio y para estar en la parte menos profunda tenías que nadar hacia allá. Una vez invitamos a unos amigos a la finca e inmediatamente fuimos al río a bañarnos. Uno de ellos tenía un «pequeño problemita» y es que no sabía nadar. Se nos ocurrió la idea de que este muchacho se subiera encima de nosotros, y nadaríamos a cuestas con él. El plan funcionó de maravillas; llevamos a nuestro amigo que no sabía nadar a la parte menos profunda para que pudiera estar seguro. Sin embargo, algo ocurrió. Mientras estábamos compartiendo en la parte menos profunda, de repente, una culebra cayó desde los arbustos en medio nuestro. Automáticamente, todo el que sabía nadar, ¡puede imaginarse lo que ocurrió! Todos dimos nuestra mejor brazada olímpica para llegar al otro extremo del río, les puedo asegurar que bajo el instinto pudiéramos ganarle la competencia a Marcos Díaz o a Michael Phelps.

Sé que se estará preguntando ahora mismo: ¿Qué pasó con el que no sabía nadar? El instinto de supervivencia permitió que nuestro amigo asombrosamente aprendiera a nadar con la técnica de nado a perrito para llegar al otro extremo del río. Cuando entramos en pruebas o dificultades, es normal que nuestros instintos se activen y queramos hacer todo intento de salir de allí. Sin embargo, la única forma de salir victorioso de una prueba es «sometiéndose a Dios». Por más que intentemos sacar fuerzas de donde no las hay, tenemos que tener en cuenta que no saldremos de allí con nuestras propias fuerzas.

Las guerras espirituales se ganan sometiéndonos a la voluntad de Dios. Una de las cosas que debemos aprender nosotros los cristianos es cómo se lucha en el mundo espiritual. Cuando se nos habla de guerra, queremos asociar esto como en el mundo se percibe. Sin embargo, en el mundo espiritual, la guerra se gana permaneciendo firmes en la voluntad de Dios.

Los judíos esperaron el cumplimiento de la promesa de que el Mesías los libraría de todo yugo de la esclavitud. Sin embargo, Jesús les mostró que la guerra en el reino de los cielos se ganaría *«dando la otra mejilla»*, *«caminando una milla más»* y *«bendiciendo a los que te maldicen»* (Lucas 6:29).

Recuerda que habrá
veces en que tus
lágrimas serán tu mejor
conversación con Dios.

*«Él sana a los de corazón quebrantado y
les venda las heridas» (Salmo 147:3).*

La palabra someter implica estar convencido de obedecer y seguir la voluntad de otro. Por lo que, someterse a Dios es creer que los planes de Él son mejores que los nuestros. Recuerde que los pensamientos de Dios son más grandes que los nuestros, por lo que al someternos a Él, ya no estaríamos sujetos a nuestras presunciones (Isaías 55:8-9). También, someterse a Dios es renunciar a nuestra voluntad y dejar que se cumpla en nosotros la voluntad de Dios (Lucas 22:42).

La victoria radica en la persistencia

En Lucas 18:3-5, Jesús comparte la *«Parábola de la viuda persistente»*, donde una mujer buscó justicia de un juez malo e injusto, logrando su cometido solo por su persistencia. Debemos comprender que en la guerra espiritual habrá momentos de agotamiento, donde parecerá que no tienes fuerzas y no ves los resultados de tu victoria. En esos momentos, cuando sientes que Dios no te escucha y te encuentras solo, la única manera de avanzar es mediante la persistencia.

Según el diccionario bíblico, la palabra perseverancia, en sentido literal, significa «continuar, seguir». Aunque puedas sentir que estás perdiendo todo, es necesario esforzarse y seguir adelante a pesar de las circunstancias. En uno de los desiertos que he atravesado, donde mis oraciones parecían vacías y sin sentido, este pasaje de la viuda persistente me mantuvo firme. Aunque a veces carecía de motivación para orar, me levantaba de igual forma para persistir delante de la presencia de Dios. Existe un dicho que reza: «No importa las veces que caigas, está permitido levantarse. Lo que no está permitido es darse por vencido».

Hermano, hermana, dedico este último párrafo a aquellos que atraviesan un desierto en estos momentos. Quiero expresar palabras de aliento y pido a Dios que te sirvan para levantarte y resistir la tentación de dar todo por perdido. Si Dios aún no ha mostrado su mano en tu situación, significa que apuesta por tu capacidad de resistir y persistir. Comprendo que el camino ha sido difícil, pero puedo asegurarte que lo que recibirás después será mucho más gratificante que abandonar ahora. Está permitido llorar delante de la presencia de Dios, hazlo cuantas veces lo necesites, pero nunca dejes de creer que en algún momento, con una sola palabra, Dios revertirá todo a tu favor, y rebosarás de alegría al ver que ¡DIOS HA SIDO BUENO, TODO EL TIEMPO!

Recuerda que aunque la higuera no florezca, Dios siempre permanece fiel.

Dios te bendiga.

Notas

Notas

Notas

Made in the USA
Columbia, SC
03 May 2024

34882716R00074